Collection

PAUL DELAROFF

COLLECTION

PAUL DELAROFF

CONDITIONS DE LA VENTE

Elle sera faite au comptant.

Les acquéreurs paieront *dix pour cent* en sus des Enchères.

CATALOGUE

DES

TABLEAUX ANCIENS

DES

Écoles Allemande — Anglaise — Espagnole
Flamande — Française — Hollandaise — Italienne
des XVᵉ, XVIᵉ, XVIIᵉ, XVIIIᵉ Siècles

AQUARELLES, DESSINS, GOUACHES & MINIATURES

anciens et modernes

TERRES CUITES & MARBRES ANCIENS

BRONZES des XVIᵉ, XVIIᵉ et XVIIIᵉ Siècles

COMPOSANT LA TRÈS IMPORTANTE COLLECTION

de Son Excellence feu PAUL DELAROFF

Conseiller privé de Sa Majesté l'Empereur de Russie

dont la Vente après décès aura lieu

les 27, 28, 29, 30 Avril et 2 Mai 1914 à 2 heures

HOTEL DROUOT : SALLE 6

COMMISSAIRES-PRISEURS

Mᵉ F. LAIR-DUBREUIL	Mᵉ CAMILLE DOUBLOT
6, Rue Favart, 6	6, Rue Saint-Georges, 6
PARIS	PARIS

EXPERTS

POUR LES TABLEAUX :	POUR LES DESSINS ET OBJETS D'ART :
M. Georges SORTAIS	MM. G. DUCHESNE
Peintre	et R. DUPLAN
EXPERT PRÈS LE TRIBUNAL CIVIL	10, Rue Rossini, 10
11, Rue Scribe, 11	PARIS

EXPOSITIONS PUBLIQUES :

Salles 5 *et* 6 : le Dimanche 26 Avril 1914, de 2 heures à 6 heures.
Salle 6 : le Vendredi 1ᵉʳ Mai 1914, de 2 h. à 6 heures (nᵒˢ 237 à 365).

ORDRE DES VACATIONS :

Lundi 27 Avril. Tableaux, du n° 1 au n° 123.
Mardi 28 Avril. Tableaux, du n° 124 au n° 236.
Mercredi 29 Avril. Dessins, du n° 366 au n° 466.
Jeudi 30 Avril. Miniatures, bronzes, Marbres, Terre cuite,
du n° 467 au n° 544.

Vendredi 1er Mai, Exposition des tableaux, du n° 237 au n° 365.

Samedi 2 Mai, Vente des tableaux, du n° 237 au n° 365.

ÉCOLE ALLEMANDE

GRUN (Hans-Baldung)

Né à Weyershelm en 1476 ou 1480, mort à Strasbourg en 1544. A travaillé principale-
ment à Fribourg et à Strasbourg ; fut formé à l'influence de son ami Albert Durer.

1   L'Ascète

L'Ascète est assis, la poitrine nue, les yeux interrogeant les problèmes
de l'infini. Sa main droite se crispe sur une pierre. Il a sur une table
devant lui un chandelier, le livre des épîtres de Paul, un crâne, un
encrier, des bésicles, un calame et un papier sur lequel on lit :

*Sine bibo, sine comedo, sine dormio, sine Vigilo, sine aliud quid
facio, semper videtur in auris meis resonare vox illa Surgite Mortui
Venite ad judilium.*

A droite, parmi d'autres objets, on aperçoit suspendu un bénitier
dans lequel plonge un goupillon.

Panneau, H. : 67 1/2; L. : 54.

HEINSCH (Jean-Georges)

Né en Silésie. En 1678 il avait son domicile à Prague.

2   Les Bienfaits de la Justice

Composition allégorique pour une gravure.

Peinture en grisaille. — Signé à droite, en bas : J. G. Heinsch, del.

Toile, H. : 43; L. : 34.

On trouve de ses tableaux dans les églises de Prague. Plusieurs de ses compositions ont été gravées par I. Kilian.

KAUFFMANN (Maria-Angélica)

Née à Schwarzenberg en 1741, morte en 1807. Fille et élève de Joseph Kauffmann.

3   Jeune femme au regard douloureux

Cuivre de forme ovale, H. : 28; L. : 23.

KLENGEL (Johann-Christian)

Né à Kesselsdorf près de Dresde en 1751, mort à Dresde en 1824.
Élève de Dietrich Klengel.

4   Pâtre faisant paître ses bœufs sur la falaise

Signé à droite, en bas : Klengel 1813.

Toile, H. : 23 1/2; L. : 30.

THIELE (Jean-Alexandre)

Né à Erfürt en 1685, mort en 1752. Fut élève de C.-A. Agricola.

5   Le Moulin à eau

Au pied d'une colline et au bord d'une source, le moulin à eau est construit à l'abri des frondaisons épaisses de grands arbres. Dans la plaine, à droite, une campagnarde et son enfant sont arrêtés et causent avec un homme debout qui porte un gilet rouge et que l'on voit de dos. Au fond, du même côté, il y a la campagne, avec la silhouette très lointaine d'une ville sous un ciel transparent et clair.

H. : 30 1/2; L. : 43 1/2.

WOCHER (Marquart)

1758-1820

6   Bateaux de pêche : marée haute par mer calme

Signé à droite, en bas, sur une épave : M. W., 1782.

Panneau, H. : 29 1/2; L. : 37 1/2.

ZRNENTOR ou ZNIJENTOR (A.-E.)

7 Buckingham et Marion Delorme dans le
parc d'amour

Signé à droite, en bas : A.-E. Zrnentor, 1630.

Cuivre, H. : 25 ; L. : 30.

ÉCOLE ALLEMANDE
Seizième siècle.

8 La Prédication

Au pied d'un arbre, le prédicateur se tient debout, et devant lui, un groupe important de personnages, assis ou debout, l'écoutent attentivement. Au fond, à droite, on aperçoit une ville fortifiée.

Panneau, H. : 20 1/2 ; L. : 34.

ÉCOLE ALLEMANDE
Dix-huitième siècle.

9 La Nymphe Daphné, transformée en saule pour
échapper aux poursuites d'Apollon

Cuivre, H. : 37 ; L. : 27 1/2.

ÉCOLE ALLEMANDE
Dix-huitième siècle.

10 Portrait d'un philosophe

Toile, H. : 82 : L. : 65 1/2.

ÉCOLE ALLEMANDE
Dix-huitième siècle.

11 Portrait d'homme

Toile, H. : 51 1/2 ; L. : 41 1/2.

ÉCOLE ANGLAISE

SARTORIUS (John-N.)
1778-1824.

12 Dandy à cheval, épisode de chasse

Pendant du suivant.

Toile, H. : 35; L. : 5o.

SARTORIUS (John-N.)

13 La chasse : cavaliers en habit rouge

Pendant du précédent.

Toile, H. : 35; L. : 5o.

SARTORIUS (John-N.)

14 Cavaliers franchissant une haie

Toile, H. : 32 1/2; L. : 43.

ÉCOLE ANGLAISE
Fin du dix-huitième siècle.

15 La source descendant des hautes roches

Signé à gauche, en bas du monogramme : J.-H.

Toile, H. : 52; L. : 59.

ÉCOLE ANGLAISE
Commencement du dix-neuvième siècle.

16   Portrait présumé de lord Palmerston

Peinture sur cuivre, H. : 15 1/2 ; L. : 12 1/2.

ÉCOLE ANGLAISE

17   Portrait d'un chasseur

Traces de signature au milieu, sur le fusil à pierre.

Toile, H. : 100 : L. : 87 1/2.

ÉCOLE ESPAGNOLE

HERRERA, le vieux (François)
Né à Séville en 1576, mort en 1656. Élève de Louis Fernandez.

18   Portrait d'homme

Toile, H. : 49 1/2; L. : 39 1/2.

MURILLO (Barthélemy-Esteban)
Élève de Jean del Castillo et de Vélasquez. — Séville 1618-1682.

19   La Vierge et l'Enfant Jésus

Elle est représentée debout, drapée dans une palla bleue sur une stola rose et pressant de ses deux mains contre sa poitrine, l'Enfant Jésus nu. Le groupe apparaît sur un croissant soutenu au-dessus d'une nuée par trois séraphins ailés. Derrière la Vierge, on aperçoit sous un ciel bleu profond une église, construite en pierre et en briques.

Toile, H. : 29 1/2; L. : 20.

Projet pour un important tableau.

ZURBARAN (Francisco de)
Né à Fuente de Cantos en 1598, mort en 1662. Fut élève de Jean de Las Roclas.

20   Madeleine repentante

Toile, H. : 54 1/2; L. ; 42 1/2.

ÉCOLE ESPAGNOLE

21   La Vierge et l'Enfant Jésus

La Vierge est en coiffe noire et robe crème.

Peinture ronde sur cuivre, H. : 11; L. : 11.

ÉCOLE FLAMANDE

ARTHOIS (Jacobus van)
Né à Bruxelles en 1613, mort après 1686.

22 La traite des vaches

Toile, H. : 79 1/2; L. : 111.

Très souvent, les paysages de cet artiste célèbre furent agrémentés de figures par David Téniers, Jegers, Croyer, ou d'animaux exécutés par Snyders.

ARTHOIS (Jacobus van)

23 Village au bord d'un fleuve

A gauche, le long d'un étroit chemin, les maisons du village sont nichées dans la verdure, et le clocher de la petite église s'élance vers le ciel clair. Aux arbres, les frondaisons estivales se balancent. A droite, le fleuve dessine un coude et l'eau s'emplit des reflets de la nature en fête qui s'épanouit sur la rive. Au premier plan, vers la gauche, quelques bêtes sont en train de paître.

Panneau, H. : 91 1/2; L. : 152.

BALEN (Jean van)
Anvers, 1611-1654.

24 Pan et la nymphe Syrinx

Cuivre, H. : 37 1/2; L. : 28.

Van BALEN et van KESSEL

25   La Naïade et les Amours pêcheurs

Cuivre, H. : 3o; L. : 39.

BREYDEL (Charles-Karl)
Né à Anvers en 1678, mort à Gand en 1733.

26   Combat de cavalerie en avant d'un fort

Toile, H. : 28; L. : 36.

COLIJEN (David)

27   Le Peintre dans son atelier

C'est un peintre qui s'est représenté debout, la palette au poing, au milieu des objets qu'il peignait finement, en trompe-l'œil, livres, basse de viole, flûte et flageolet, globe céleste, pipe, montre, verre, album de musique, le tout posé sur une planche en partie couverte d'un tapis vert et en équilibre sur les bras d'un fauteuil au bois sculpté et doré. Dans le fond, à droite, sur le socle d'une colonne de pierre, cette inscription un peu prétentieuse :

Vita brevis ars longus.

Signé à gauche, en bas : D. Colijen f. 1688.

Toile, H. : 38; L. : 32.

CRAESBEECK (Joos van)
Né vers 1606, mort à Bruxelles vers 1654. Entra à la Gilde d'Anvers, puis dans celle de Bruxelles.

28   Le joyeux buveur à la cruche de grès

Signé à droite, en bas : C. S.

Panneau, H. : 16 1/2; L. : 13.

DAEL (Jan-François van)
(École de)
Anvers 1764-1840.

29 Fleurs et fruits sur une console de pierre

Toile, H. : 79 ; L. : 62 1/2.

DONCK (G.)

On est sans détails sur ce peintre qui appartenait au groupe de P. Codde, Duck Palamedes. etc. Travailla de 1627 à 1635.

30 Téthys venant chez Vulcain commander
le bouclier d'Achille

Vulcain est à sa forge, installée dans une grotte. Téthys, en costume hollandais du xviie siècle, passe quelques papiers aux mains de Vulcain. Au second plan, à droite et à gauche, on aperçoit les forgerons. Des cuirasses jonchent le sol.

Signé sur le billot portant l'enclume : G. Donck. (Les deux initiales formant monogramme.)

Panneau, H. : 60 ; L. : 47.

En dehors du tableau de la collection Delaroff, on ne connaît que cinq peintures de Donck qui sont :

1° Galerie nationale de Londres : *Portrait de deux personnages*. (N° 1305 du catalogue de 1898.)

2° Galerie Lichtenstein, à Vienne : *Portrait d'une mère avec sa fille*. (N° 1141 : voir Eisenmann dans la *Zeitschrift für Bildenäe Künst* t. IX, 1874, p. 59 et s.)

3° et 4° Collection du comte Czernin, à Vienne : *Paysan vendant du beurre et des œufs* et *Portrait d'homme*.

5° Collections Baranowski et Stummer, à Vienne : *Portrait en pied d'un jeune savant*. (Voir Frimmel, *Kleine Galerie-Studien*, t. II, p. 292.)

DYCK (Atelier d'Antoine van)

31 Portrait de Charles Ier et d'Henriette de France
et de ses enfants

Toile. H. : 74 1/2 ; L. : 72 1/2.

ELSHEIMER (Adam)

Né à Francfort-sur-le-Mein en 1578, mort à Rome en 1620.

32 Paysage

A droite, au pied d'énormes rochers, les ruines d'une ville, couvertes d'arbres et d'arbustes. Au milieu, une rivière s'écoule en cascade. A gauche sur l'escalier de son hôtellerie, l'aubergiste reçoit les voyageurs : une femme montée à cheval, un homme coiffé d'un turban, et un enfant.

Panneau, H. : 31 1/2; L. : 44 1/2.

Dans cette œuvre, on devine un peintre précurseur des compositions de nature d'Hercule Seghers et de Rembrandt.

FALENS (Charles van)

Anvers 1683-1733. — Fut élève de François Francken.

33 Halte à la fontaine, campagne romaine

Toile, H. : 100; L. : 135.

FLORIS (Frans de VRIENT dit)

Anvers 1529-1570.

34 Le Concert des Muses

Toile, H. : 62; L. : 92.

FRANCKEN (Frans)

Né à Herentals en 1524, mort à Anvers en 1616.

35 Jeune femme et son enfant au pied d'un arbre

A droite, au fond, un paysage montagneux avec les constructions d'une ville au bord d'un fleuve.

Cette peinture fut faite d'après nature pour une Vierge et l'Enfant.

Cuivre de forme ronde, H. : 17; L. : 17.

FRANCKEN (Frans)

36 Saint Jérôme baptisant un prince maure

Paysage de Roeland Savery.

Toile, H. : 112 1/2; L. : 165.

FYT (Jan)

Né le 15 mars 1611, mort le 11 septembre 1661 à Anvers.

37 Nature morte

Le peintre a disposé, au-devant d'une colonne, sur une table recouverte d'un tapis bleu sombre, un lièvre mort, suspendu par une patte,
des perdrix et une corbeille de poires et de raisins.

Toile, H. : 75; L. : 85.

GELDORP (Georg.)

Mort à Londres vers 1658. — Fut reçu maître à Anvers en 1610 et nommé gardien des
tableaux de Charles Ier d'Angleterre en 1630.

38 Portrait de Sébastien Hamer

A droite, on voit les armoiries du personnage, avec au-dessous : 1612
et au-dessous, l'inscription :

Sébastian frey.
Hamor Seines
Alter sz. 34
Jare

Toile, H. : 46 1/2; L. : 37 1/2.

GRIFF ou GRYEF (Adriaen)

Anvers 1670-1715. — Élève de Snyders.

39 Chien flairant du gibier à plumes, abandonné
sur le sol

Pendant du suivant.

Panneau, H. : 16; L. : 17 1/2.

GRIFF

40 Chien gardant du gibier à plume et guettant
une proie, la tête levée

Panneau, H. : 15 1/2 ; L. : 18.

Pendant du précédent.

HAMILTON (Van)
Né à Bruxelles, fils de Jacques.

41 Coq vivant, gibier mort et tête de jeune cerf
dans un paysage

Pendant du suivant.

Panneau, H. : 19 1/2 ; L. : 26 1/2.

HAMILTON (Van)

42 La hure de sanglier

Pendant du précédent.

Panneau, H. : 19 1/2 ; L. : 27.

HARDIMÉ (Pieter)
Anvers 1678-1758. — Élève de son frère Simon.

43 Fleurs dans un vase

Signé à droite, en bas : P. Hardimé f. 1728.

Toile, H. : 56 ; L. : 46.

HERREBOUT (David)

Malines, 1603.

44   Dans l'Étable

Au milieu, un berger tient un flageollet; il a près de lui une jeune femme accroupie, qui lui tend une des pommes qu'elle a prise dans son tablier. A gauche, on aperçoit une vache et des brebis, à côté de la femme, un chien, et au fond, un métier de tisserand.

Signé à droite, en bas : D. Herrebout fecit.

Toile, H. : 47 1/2; L. : 60.

C'est là un imitateur de David Téniers le jeune, si l'on en juge par ce tableau, le seul qu'on connaisse de lui.

Le *Niederlandisches Künstler-Lexicon* nomme un Maximilien Herregouts,

Peut-être ce Herregouts est-il le même que le Herrebout de la collection Delaroff. C'était certainement un peintre habile et l'on est fondé à se demander s'il n'y a pas bon nombre de Herrebouts parmi les Téniers non signés qui se trouvent dans les collections publiques et privées et dans le commerce.

HOREMANS (Jan le Vieux)

Né à Anvers en 1682, mort dans cette ville en 1759.

45   L'Atelier du Cordonnier

Le vieux cordonnier est dans son atelier avec sa famille et ses apprentis. A gauche, une cliente entre. Contre le mur, de vieilles chaussures sont accrochées. Le patron, au milieu, est en train de marteler un cuir. Des chaussures sont entassées au pied de son billot.

Toile, H. : 48; L. : 58.

HUYSMANS de MALINES (Corneille)

Né à Anvers en 1648, mort en 1727, fut élève de Gaspard de Witte.

46 Le Bois cher aux sorcières, près des ruines : effet de soleil couchant

Toile, H. : 47 1/2; L. : 63.

JORDAENS (Jacob)

Né à Anvers en 1593, mort en 1678.

47   L'Enfant endormi

L'enfant est endormi, gras et dodu, sur les genoux de sa mère, et celle-ci fait jaillir de son corsage ouvert son sein nourricier qu'elle va porter aux lèvres de l'enfant. Une jeune fille, apparue dans la demi-teinte, et un autre enfant, couronné de fleurs, s'amusent à voir les gouttes de lait gicler sur le visage du petit endormi.

Toile, H. : 95 1/2; L. : 80 1/2.

JORDAENS (Jacob)

48   Esquisse pour la gravure d'une thèse de François-Philippe de Montmorency, au collège des Jésuites de Bruxelles, 1635

Toile, H. : 165; L. : 110 1/2.

KESSEL (Jan van I)

Baptisé à Anvers en 1626, mort dans cette ville en 1679. Élève de son oncle Brueghel de Velours et de Simon de Vos.

49   Poissons et batraciens s'ébattant parmi des roseaux

Cuivre, H. : 18; L. : 23.

LOYBOS (Sebastianus)

Travaillait entre 1670 et 1693.

50   La Rixe au cabaret

Signé à droite, en bas : Van Loijbos.

Toile, H. : 53; L. : 64 1/2.

MEULENER ou MEULENAER (Pierre)
Anvers 1602-1654.

51   Combat de cavalerie près d'un pont

Toile, H. : 101 ; L. : 134.

MEULENER ou MEULENAER (Pierre)

52   Campement de cavalerie

A droite, en bas, on lit encore un reste de signature : Meule...

Panneau, H. : 36 ; L. : 48.

MEULENER ou MEULENAER (Pierre)

53   La Bataille et l'attaque du convoi

Toile, H. : 55 1/2 ; L. : 72.

A gauche, en bas, on voit une lettre A.

MEULENER ou MEULENAER (Pierre)

54   Combat de cavalerie

Signé à droite, en bas : J.-P. Meulener, 1650. Les deux premières lettres formant monogramme.

Toile, H. : 68 ; L. : 98.

MEULENER ou MEULENAER (Pierre)

55   Combat de cavalerie et d'infanterie

A gauche, un fort parti de cavalerie lutte désespérément. A droite, la troupe d'infanterie lutte également à coups de lance et de mousqueton.

Panneau, H. : 51 ; L. : 87.

MOMPER (Josse de)
Né à Anvers en 1564, mort en 1635?

56 Cavaliers près d'un château dans un site
montagneux

Les chevaux sont probablement de Pierre Snayers.

Toile, H. : 47 1/2; L. : 92.

MOMPER
Figures de Van de Velde.

57 Pâturage et village en ruines, au pied
de la montagne

Toile, H. : 108; L. : 139.

NEUFCHATEL (Colyn) ou Nutzschideel,
ou Nieucastel, ou Lucidel
Mons, 1550-1600.

58 La femme au collier et à la ceinture d'or

Toile, H. : 68 1/2; L. : 60 1/2.

NOLLEKENS (Joseph-François)
Anvers, 1706-1748. Fut élève de Pierre Tillemans.

59 Fumeurs jouant aux cartes dans une étable

Toile, H. : 54; L. : 66

NOLLEKENS

60   La Brouette de choux et de légumes dans l'étable

Signé à droite vers le milieu, sur une traverse de bois : J. Nollekens.

Toile. L. : 64 ; H. : 56 1/2.

OOSTEN (Isaak van)
Né à Anvers, en 1613, mort dans la même ville, en 1661.

61   L'Entrée d'un village

Le long de la route, bordée de grands arbres, derrière lesquels on aperçoit des chaumières, des cavaliers chevauchent et des paysans se livrent à leur besogne coutumière. Au fond, à gauche, à l'endroit où la route rencontre un autre chemin de traverse, on aperçoit une maisonnette en contre-bas, puis, au loin, une ville dominée par le clocher d'une église. Au premier plan, à droite, un bonhomme a arrêté sa charrette attelée d'un cheval blanc pour remettre un panier à une paysanne, en jupe et corsage rouge.

Signé à droite : I. V. O. fecit.

Panneau, H. : 25 1/2 ; L. : 42.

Il y a des tableaux de ce peintre, dans la galerie Liechtenstein, à Vienne (*Paradis terrestre*), au Musée d'Orléans, et dans des collections privées d'Anvers. Peintre très rare selon l'opinion de M. Woermann (Geschichte der Malerei, T. III ; p. 395).

PATENIER ou PATINIR (Joachim de)
(École de)

62   Saint Gérôme

Il est agenouillé devant un crucifix planté en terre, ayant à côté de lui le lion symbolique. En face de lui, un moine est également agenouillé. Au fond, entre des roches qui forment un défilé, on aperçoit une ceinture de montagnes entourant une plaine.

Panneau, H. 27 ; L. : 18 1/2.

PEETERS (Bonaventure)

Né à Anvers en 1614, mort en 1652.

63   La tour, au haut de la falaise, battue par une mer déchaînée

Panneau. H. : 46; L. : 72 1/2.

PEETERS (Bonaventure)

64   Ville fortifiée au bord de la mer

Au milieu, la ville construite sur la hauteur dresse ses tours et son beffroi vers le ciel clair, ennuagé. La mer entoure la presqu'île et, à droite, des frégates sont à l'ancre.

Au premier plan, en dehors de la ville et sur un sol mouvementé et herbeux, des bergers font paître leurs troupeaux de moutons. La plage est animée de nombreuses figures.

Signé au milieu sur le terrain : B.-P., 1645.

Panneau, H. : 37; L. : 69.

PEETERS (Gillis)

Né en 1612 à Anvers, mort en 1653 dans la même ville.

65   Paysage

Tout le devant du tableau est occupé par une eau mouvementée. A droite, sur le rivage, un édifice qui ressemble à une forteresse. A gauche, quelques bateaux à foin sont amarrés.

Toile, H. : 59; L. : 81.

Voir au Rijcks-Museum d'Amsterdam (N° 1849).

POURBUS (François)
(École de)
Bruges, 1545-1581.

66   Portrait d'un poète

A gauche en haut, on lit :

Ætatis XXVII
Anno MDXCII

Toile, H. : 77 ; L. : 63 1/2.

RYCKAERT (David)
Anvers, 1612-1661. Fils et élève de David le Jeune.

67   L'Échoppe du bottier

Le vieux, sa femme et son apprenti sont en train de travailler à gauche, tandis que dans le fond, à droite, deux jeunes garçons font une partie et boivent.

Toile, H. : 49 ; L. : 63.

SAVERY (Roeland)
Né à Courtray en 1576, mort à Utrecht le 25 février 1639.

68   Chasse au Sanglier

A gauche, un sanglier, qui a terrassé deux chiens, est harcelé par quatre autres, tandis qu'au loin deux autres sangliers sont poursuivis par des chiens et des chasseurs. On aperçoit des chamois sur des rochers, et des perroquets multicolores dans les airs.

En bas, à droite, sur une poutre, on relève les restes de la signature : Roeland Sa....

Panneau, H. : 31 ; L. : 49.

SCHŒVAERDTS (Mathieu)

Peintre de l'école flamande du dix-septième siècle. Né en 1665, travaillait à Bruxelles.

69   Sur le chemin du marché

A l'endroit où les bêtes paissent, chèvres et vaches, le chemin passe que suivent les campagnards se rendant au marché. Il y en a tout un cortège défilant entre de grands arbres. Au fond, dans la campagne mouvementée, il y a à gauche une chasse au faucon et, à droite, une chasse à courre.

Signé à droite, en bas : M. Schœvaerdts.

Cuivre, H. : 25 ; L. : 3o.

SCHŒVAERDTS (M.)

70   Les plaisirs de l'hiver

Au bord d'un canal glacé, de chaque côté duquel se trouvent les maisons d'une ville, il y a une grande circulation de très élégants traîneaux attelés de chevaux blancs. Les patineurs se mêlent aux traîneaux. Les arbres sont poudrés de givre.

Signé à droite, en bas : M. Schœvaerdts.

Cuivre, H. : 25 ; L. : 3o.

SCHŒVAERDTS (M.)

71   Chariot traversant un gué

H. : 3o 1/2 ; L. : 43 1/2.

SNYDERS (François)

Anvers, 1579-1657. Fut élève de P. Brueghel le jeune et de Henri Van Balen.

72   Chien de chasse

Il est vu de profil à gauche, les crocs acérés, guettant une proie.

Toile, H. : 72 : L. ; 98.

SNYDERS (François)
(Attribué à)

73   Le fauconnier galant

Toile, H. : 38 1/2; L. : 5o.

SON (Joris van)

Né à Anvers en 1623, mort dans cette ville en 1667.

74 Raisin, citrons, cerises et verre sur une table

Panneau, H. : 29; L. : 40.

TÉNIERS le Vieux (David)

Né à Anvers en 1582, mort en 1649. Élève de Elzheimer.

75   Le laboratoire du chimiste

Toile, H. : 40; L. : 56 1/2.

TÉNIERS (le Jeune David)

Né à Anvers en 1610, mort à Bruxelles, le 25 avril 1690.

76   La Tentation de Saint Antoine

Le saint est entouré de monstres à figures gnomiques; il a les mains jointes et regarde les grimaces faites autour de lui, avec une sévérité non dépourvue de bonhomie.

Cuivre, H. : 12; L. : 9 1/2.

TENIERS le Jeune (David)

77   Le Rieur

Il est assis de trois quarts, les bras croisés et riant de toute la lar-
geur de sa large bouche.

Signé à gauche, en haut du monogramme : D.-T.

Panneau, H. : 16; L. : 12.

TÉNIERS le Jeune (David)

78   Une vieille paysanne, un verre à la main

Panneau, H. : 13; L. : 10.

TÉNIERS le Jeune (David) (École de)

79   Fumeurs

Toile, H. : 53; L. : 49 1/2.

TÉNIERS le Jeune (David) (École de)

80   Auberge à l'entrée du village

A gauche, devant l'auberge, des hommes et des femmes sont assis,
achevant de traiter leurs affaires au retour du marché, dont on voit au
premier plan les emplettes, légumes et bêtes. A droite, des constructions dont les murs de briques ont des harmonies chaudes sous la
lumière du ciel bleu où chevauchent des nuées blanches. Au fond, à
gauche, sur le chemin, bordé de chaque côté par les chaumières, un
berger s'en vient, conduisant un troupeau de moutons. Du même côté,
au premier plan, une femme est appuyée contre la margelle d'un puits.

Toile, H. : 83; L. : 111.

TYSSENS (August)
1662-1722.

81 Le Repos de la Sainte Famille

Signé à gauche, sur une pierre : A. Tyssens f.

Toile, H. : 66; L. : 85 1/2.

VENIUS (Otto)
Né en 1556, mort en 1629.

82 Le triomphe de la foi

La barque portant la foi traverse les flots et autour de l'esquif qui la porte se trouvent les bannières votives. Les séraphins dans la nue soufflent la brise puissante qui la fera avancer. Autour, on aperçoit les figures et les monstres marins symbolisant le culte payen et, dans une plaine, toute une série de personnages symbolisant les luttes qu'il faudra livrer pour la conquête définitive. Au fond, dans le soleil qui se couche, la silhouette d'une ville.

Toile, H. : 177; L. : 132 1/2.

VERDUSSEN (Jan-Pieter)
Anvers, mort en 1763

83 Les vendeurs de poissons au bord de l'eau

Toile, H. : 187; L. : 241.

VRANCX ou FRANCKEN (Sebastiaen)
Né à Anvers en 1573, mort en 1647.

84 Cavaliers faisant la manœuvre
dans la campagne

Panneau, H. : 49; L. : 60 1/2.

VRANCX ou FRANCKEN (Sebastiaen)

85   La passerelle au-dessus du vallon

Panneau, H. : 63; L. : 47 1/2.

VRANCX ou FRANCKEN (Sebastiaen)

86   Combat de mousquetaires et d'arquebusiers

Au milieu, sur un pli de terrain, un gibet auquel se balance un pendu.

Panneau, H. : 32; L. : 42.

ÉCOLE FLAMANDE
Seizième siècle.

87   Le paiement de la dîme

Toile, H. : 94; L. : 142.

ÉCOLE FLAMANDE
Seizième siècle.

88   Portrait d'homme

Derrière, on lit sur le panneau : Anno 1591.

Panneau, H. : 39; L. : 28.

ÉCOLE FLAMANDE
Commencement du dix-septième siècle.

89   La Foire à Bruges

Sur la place, les forains se sont installés en même temps que les marchandes de légumes et de dinanderie, et le populaire s'en vient en foule visiter les boutiques et écouter les boniments des bateleurs. Au fond, les constructions de la ville dominée par les clochers.

Cuivre, H. : 54 1/2; L. : 66 1/2.

ÉCOLE FLAMANDE
Dix-septième siècle.

90 Vénus, accompagnée de l'Amour, chez Vulcain

Daté, en bas à gauche : 1661.

Toile, H. : 46; L. : 68.

ÉCOLE FLAMANDE
Dix-septième siècle.

91 Portrait d'un pape

Peinture sur cuivre, de forme ovale, H. : 10 1/2; L. : 8 1/2.

ÉCOLE FLAMANDE
Dix-huitième siècle.

92 Vase de fleurs

Toile, H. : 46 1/2; L. : 36 1/2.

ÉCOLE DE VALENCIENNES
Commencement du dix-huitième siècle.

93 Danse rustique au bord de l'eau

Toile, L. : 74; H.: 130 1/2.

ÉCOLE FRANÇAISE

BOILLY (Louis-Léopold)
La Bassée, 1761-1845.

94   Portrait présumé de l'artiste

Il est représenté jusqu'à la poitrine de trois quarts à droite, en habit bleu foncé ouvert sur un gilet blanc. Il a la figure rasée et les cheveux gris.

Panneau, H. : 16; L. : 13.

BOILLY (Louis-Léopold) (Attribué à)

95   Le vieux chansonnier et la savoyarde
à la marmotte

Panneau, H. : 44; L. : 33 1/2.

BOUCHER (François)
(Copie ancienne d'après)

96   Vénus et l'Amour

Toile, H. : 32; L. : 40.

CHERON (Élisabeth-Sophie)
(Attribué à)
(1648-1711).

97   La Comédie lyrique, composition décorative

Toile, H. : 53; L. : 65.

COURTOIS (Jacques, dit le Bourguignon)
Né à Saint-Hippolyte en 1621, mort en 1676. — Élève de son père.

98   Combat de cavalerie

A gauche, les cavaliers en armure se battent et plusieurs déjà mordent la poussière. A droite et au loin, la bataille se continue. Au fond, du même côté, une montagne apparaît bleue sous l'ambiance du ciel clair.

Toile, H. : 42; L. : 64 1/2.

CRÉPIN (Louis-Philippe)
Né à Paris en 1772, mort dans la même ville en 1851.

99   Paysage italien avec figures

Toile, H. : 55; L. : 74.

DAVID (J.-Louis)
(École de)
Paris, 1748-1825.

100   La jeune fille au madras rouge

Toile de forme ovale, H. : 51 ; L. : 44.

Cadre en bois sculpté.

DELERIVE (Albert)
Fin du dix-huitième siècle.

101   Portrait équestre d'un chef d'armée
(Pierre le Grand)

Signé à gauche, en bas : A. Delerive.

Panneau, H. : 56 ; L. : 40 1/2.

DROLLING (Martin)
Né à Oberhergheim (1752-1817).

102   Le Four

La boulangère chauffe son four et son gamin ramasse un fagot qu'il va lui passer. La lumière entre vivement par une petite fenêtre ouverte.

Panneau, H. : 32 ; L. : 27.

FAVRAY (Antoine, le chevalier de)
Né à Bagnolet (Seine) en 1706, mort à Malte en 1791.

103   Une maltaise

Toile, H. : 70 ; L. : 53.

GÉRARD (Baron François)
(École du)
Né à Rome en 1770, mort en 1837. — Fut élève de Brenet et de David.

104   L'Amour

Toile, H. : 50 ; L. : 41.

LÉPICIÉ (Nicolas-Bernard)

Né à Paris en 1735, mort en 1784, élève de C. Van Loo.

105   Le petit chanteur au luth

Panneau, H. : 41 ; L. : 37 1/2.

LOO (Jean-Baptiste van-) (Attribué à)

1684-1745.

106   L'Assassinat

Esquisse.

Toile, H. : 85 ; L. : 62.

MIGNARD (Pierre)

Né à Troyes en 1610, mort en 1695.

107   Tête de gentilhomme

De trois quarts à gauche, le masque aux tons vifs dans l'encadrement de la perruque souple, une cravate blanche nouée autour du cou.

Toile, H. : 45 1/2 ; L. : 38.

NATOIRE (Attribué à)

108   Silène

Silène, à l'ivresse béate, s'est laissé choir au pied d'un arbre et des nymphes souriantes autour de lui viennent jouer avec gaminerie.

Toile, H. : 48 ; L. : 65.

OUDRY (J.-B.)
(École d')

109   Poules effrayées par un chien et un aigle

Pendant du suivant.

Toile. H. : 36 ; L. : 38.

OUDRY (J.-B.)
(École d')

110   Chien venant de capturer un canard sauvage

Pendant du précédent.

Toile, H. : 36 1/2 ; L. : 38.

PILLEMENT (Jean)
Né à Lyon en 1728, mort en 1808.

111   La Cascade

Toile, H. : 59 ; L. : 81 1/2.

POUSSIN (Nicolas)
(École de)

112   Sainte Famille

Toile, H. : 61 ; L. : 48.

SWEBACH dit FONTAINE (Jacques-
François-Joseph)
Né à Metz en 1769, mort à Paris en 1823.

113   Halte au camp

Panneau, H. : 32 1/2 ; L. : 39 1/2.

SWEBACH le fils (Édouard)
1800-1870.

114   Les guides rouges

Signé à droite, en bas : Ed. Swebach,1819.

Toile, H. : 27 1/2 ; L. : 42.

VERNET (Claude-Joseph)
Élève de son père et de Manglard. — Né à Avignon en 1714, mort en 1789.

115   La réparation de la Galère

Toile, H. : 35 1/2 ; L. : 61.

VERNET (Joseph)

116   Paysage de mer aux temps antiques

Œuvre de la première manière du maître et dans le style de Claude Gellée.

Toile, H. : 73 ; L. : 92.

Mme VIGÉE-LEBRUN
(École de)

117   Laura et sa compagne

Toile, H. : 60 1/2 ; L. : 70.

ÉCOLE FRANÇAISE
Deuxième moitié du seizième siècle.

118   Le jugement de Salomon

Esquisse.

Toile, H. : 61 ; L. : 46 1/2.

ÉCOLE FRANÇAISE
Fin du dix-huitième siècle.

119
Le défenseur du Roy
(Portrait présumé de Malesherbes)

Il est représenté debout en robe noire et rouge, à la barre drapée aux armes du roi. Il parle, la tête tournée de trois quarts à droite, la main droite levée.

Esquisse.

Toile, H. : ?o; L. : 22.

ÉCOLE FRANÇAISE
Fin du dix-huitième siècle.

120
Épisode de l'histoire romaine

Toile, H. : 27; L. : 42.

ÉCOLE FRANÇAISE
Dix-huitième siècle.

121
Le Portique

Composition décorative.

Toile, H. : 68 1/2; L. : 87.

ÉCOLE FRANÇAISE
Dix-huitième siècle.

122
La nymphe surprise

Toile, H. : 60; L. : 98.

ÉCOLE FRANÇAISE

Dix-huitième siècle.

125   Ariane et Bacchus

Toile, H. : 68;. L : 81 1/2.

ÉCOLE HOLLANDAISE

AALST (Willem van) ou AELST
(dit Guilliemo d'Orlanda)

Né à Delft en 1626, mort à Amsterdam vers 1683.

124 Gibier et carnassière dans un paysage

Toile, H. : 75 1/2 ; L. : 64 1/2.

ASCH (Henri van)

Né à Delft en 1603, enterré dans la même ville en 1678.

125 Petite ville sous de grands arbres

Dans la campagne qui précède la ville, plusieurs cavaliers circulent à droite et à gauche.

Panneau, H. : 57. ; L. : 100.

BACKHUYSEN (Ludolf)

Né à Embden (Westphalie) en 1631, mort à Amsterdam en 1708.

126 Sloops de pêche par une mer agitée

Panneau, H. : 36 ; L. : 45.

BACKUYSEN (Ludolf)

127   Le Coup de Vent

La barque à voile est fortement secouée sur la vague blanche d'écume. A gauche, on aperçoit une frégate et à droite un autre voilier. Le ciel est gris, marqué de quelques vols de mouettes.

Panneau. H. : 43; L. : 57.

BELAU (Nicolas)

128   La partie de cartes

Signé à droite, en bas : Ne. B.

Toile, H. : 48; L. : 56 1/2.

BERGEN ou BERGHEN de HAARLEM
(Dirck ou Theodore van den)

Né à Haarlem en 1545, mort vers 1690. Fut élève d'Adriaen van de Velde.

129   Jeune pâtre endormi près de ses vaches

Derrière lui, dans la campagne, on aperçoit un cheval blanc, puis une chaumière.

Toile, H : 36; L. : 40.

BERGEN (Nicolas van)
1670-1699.

130   Paysage d'Italie

Bergers et pastoures conduisant leurs bêtes, dans un site montagneux.

Toile, H. : 71; L. : 89.

BLOEMAERT (Abraham)
Né à Gorcum en 1567, mort à Utrecht en 1651, fils de Corneille le Vieux.

131   Le Christ martyrisé

A droite en bas, on aperçoit les initiales B. L.

Toile, H. : 85; L. : 76.

BLOOT (Pieter de)

Né à Rotterdam en 1601, mort dans la même ville le 9 novembre 1658.

132   Scène d'Intérieur

Autour d'une table sont assis trois hommes et une femme. L'un des hommes fume, un autre lève son verre; le troisième caresse la femme. A gauche, derrière le groupe, un personnage boit, tandis qu'un autre joue de la clarinette. A droite, un ivrogne se croit au *vomitorium* des romains, cependant qu'un porc en tire son parti.

Panneau, H. : 34; L. : 39 1/2.

BOTH (Jean)

Né à Utrecht en 1610, mort en 1652. Fut, avec son frère André, élève de son père et de A. Bloemaert.

133   Étude de paysage italien

Au premier plan, à droite, sur une colline, un pâtre a mené son troupeau près duquel on aperçoit une femme sur un âne, un homme et un chien. Au second plan, une montagne, des arbres et un édifice en ruines ferme l'horizon de ce paysage baigné dans une lumière blonde délicieuse.

Panneau, H. : 29; L. : 37.

A Pavlovsk, près de Saint-Pétersbourg, dans la Galerie du Grand-Duc Constantin se trouve un tableau de Jean Both, identique, quant à la facture, à ce tableau de la collection Delaroff, et représentant le Ponte Salario sur Arno, près de Rome. Tableau d'une authenticité indiscutable et portant la signature entière du peintre.

BOTH (André)

Né vers 1610 à Utrecht, mort dans cette ville vers 1650.

134   Paysage Italien

Dans un paysage montagneux, une petite passerelle est jetée à droite au-dessus du lit d'un torrent dont on voit les eaux limpides sourdre en cascades entre les roches. Par cette passerelle, un bouvier vient de faire passer son troupeau. Au premier plan, à droite, un homme à pied conduit un âne sur le bât duquel une femme est assise. Vers le milieu, au bord de l'eau, deux pêcheurs sont occupés, dont l'un tient un carrelet. Vers la gauche, de l'autre côté d'un massif d'arbres, on aperçoit la vallée, fermée au fond par une montagne. Le ciel est clair.

Signé à gauche, à un quart de la hauteur : Both. F.

Panneau, H. : 78; L. : 102.

BRAKENBURGH (Richard)
Né et mort à Haarlem 1650-1702.

135   Dalila coupant les cheveux de Samson

Panneau, H. : 45; L. : 67 1/2.

BRAMER (Léonard)
Né à Delft en 1596, mort dans la même ville, après 1667.

136   Judith montrant au peuple la tête d'Holopherne. Effet de nuit

Panneau, H. : 45; L. : 45 1/2.

C'est là un des plus beaux tableaux de ce maître inégal, mais plein d'un talent personnel.

BRAMER (Léonard)

137   La prière du roi devant les tables de la loi

On lit en bas, à droite, la date 1643.

Panneau, H. : 104; L. : 76.

BRAMER (Léonard)

138   Saül chez la sorcière

C'est la réalisation plastique de ce passage du *Livre de Samuel*,
chap. XXVIII :

« Et Saül, voyant le camp des Philistins, eut peur, et son cœur fut
fort effrayé :

« Et Saül dit à ses serviteurs : « Cherchez-moi une femme qui ait
« l'esprit de Python, et j'irai vers elle, et je m'enquerrai par son
« moyen de ce qui doit arriver. » Ses serviteurs lui dirent : « Voilà,
« il y a une femme à Hendor qui a un esprit de Python. »

« Alors Saül se déguisa et prit d'autres habits, et s'en alla, lui et
deux hommes avec lui; et ils arrivèrent de nuit chez cette femme-là; et
Saül lui dit : « Je te prie, devine-moi par l'esprit de Python, et fais
monter vers moi celui que je te dirai.... »

« Et la femme dit : « Qui veux-tu que je te fasse monter? » Et il
répondit : « Fais-moi monter Samuel. »

« Et la femme voyant Samuel, s'écria à haute voix, disant à Saül :
« Pourquoi m'as-tu trompée? car tu es Saül. »

« Et le roi lui répondit : « Ne crains point; mais, qu'as-tu vu? »
Et la femme dit à Saül : « J'ai vu comme un Dieu qui montait de la
terre. »

« Il lui dit encore : « Comment est-il fait? » Elle répondit : « C'est
un vieillard qui monte, et il est couvert d'un manteau. » Et Saül connut
que c'était Samuel et, s'étant baissé le visage contre terre, il se pros-
terna.... »

Cuivre, H.: 46 1|2; L. : 58 1/2.

BRAY (Jan de)
Né à Haarlem entre 1626 et 1628, mort dans la même ville à la fin de 1697.

139   Portrait de Femme

Elle est représentée vue de face, les deux mains jointes, tenant une
rose. Elle est vêtue d'une robe noire, avec un col et des manchettes
blanches.

Toile, H. : 69; L. : 60.

5*

BREENBERGH (Bartolomée)

Né à Deventer en 1599, mort avant 1659. Disciple d'Adam Elszeimer.

140   Site Romain

A gauche, on aperçoit les ruines du Colysée et, à droite, celles des thermes de Titus. Au premier plan, dans un paysage du Campo Vaccino, des pâtres gardent leur troupeau.

Panneau, H. : 51; L. : 78.

BREKELENKAM (Quiryn)

Né à Swammerdam, près de Leyde, après 1620. Mort à Leyde en 1658.

141   Le Buveur

Il est dans son échoppe, assis de trois quarts à droite, accoudé sur son établi et fumant une pipe. Devant lui, une tabatière, un réchaud à cendre et une cruche en grès.

Panneau, H. : 25 1/2; L. : 23.

BURGH (Dionisius Ver ou Van der)

Vécut à Rotterdam, seconde moitié du dix-septième siècle.

142   Paysage

C'est un site traversé par une rivière; vue sur une ville avec dôme, clochers, maisons à pignons et moulins. Au premier plan, à gauche, une église et son clocher; à droite, une maisonnette entourée d'arbres.

Signé à gauche, en bas du monogramme : D. V. B.

Panneau, H. : 22 1/2; L. : 32 1/2.

D'après Brulliot (t. I, n° 879), ce monogramme se trouve sur des paysages dans le goût de Hermann Salfleven. Nagler (Monogrammirten t. II, n° 1422), pense à Corneille Dubois, mais ce nom ne s'applique nullement à l'auteur du tableau dont il s'agit ici.

Voir P. de Semenoff : Études sur les peintres des Écoles hollandaise, flamande et néerlandaise, qu'on trouve dans la collection Semenoff et les autres collections publiques et privées de Saint-Pétersbourg (1905, p. 39).

CAMPHUYSEN (Dirk-Raphaelsz)

Né à Gorkum en 1586, mort en 1627.

143 Le Bois

A l'entrée du bois, dont les allées pleines d'ombre s'étendent au loin sous les voûtes des frondaisons épaisses, un massif d'arbres se dresse, troncs torturés et panaches feuillus, vers le ciel d'azur au-devant duquel s'envolent des nuées blanches.

Signé en bas, vers le milieu : R. C.

Panneau, H. : 33 ; L. : 47 1/2.

CODDE ou KODDE ou CODDEN
(Pieter-Jacobs)

Né à Amsterdam vers 1600, mort en 1678.

144 Conversation galante

Panneau, H. . 27 1/2 ; L. : 21 1/2.

COOPSE (Pieter)

Travaillait à Amsterdam 1672, mort après 1677.

145 Paysage boisé au bord d'une rivière

Au fond à droite, sur le flanc d'une colline, un édifice en ruine.

Signé au milieu, en bas : P. C. 1662.

Panneau, H. : 45 ; L. : 64 1/2.

CROOS (Pieter van der)

Vivait en 1647 à La Haye et en 1651 à Alkmaar.

146 Barques s'amarrant à une jetée

Panneau, H. : 48 1/2 ; L. : 60.

CUYP (Aelbert)
Dordrecht 1620-1691.

147 Halte d'un cavalier

Au bord d'un fleuve, un cavalier montant un cheval bai s'est arrêté près d'un jeune pêcheur qui lui propose des poissons ; à leur droite, un chien est couché à terre : derrière et au centre, des pêcheurs descendus dans l'eau tendent leurs filets, tandis que des marins tirent un coup de feu dans un bateau ancré près de la rive opposée, où un long mur et une maison se détachent sur un ciel bleu, dont l'horizon est empourpré par les rayons du soleil.

Panneau, H. : 0,80 ; L. : 0,94.

Cadre ancien en bois sculpté et doré. — *N. B.* Cette peinture a été restaurée.

CUYP (Aelbert)
Né à Dordrecht en 1605, mort dans cette ville en 1681.

148 Paysage

A droite, le bord escarpé d'une rivière, surmonté d'un moulin. A gauche, vers le milieu, les rives plates bordent la rivière où quelques pêcheurs relèvent leur filet. Au fond, on aperçoit, dominant les frondaisons, des tours, des clochers et des moulins sous un ciel nuageux.

Panneau, H. : 29 ; L. : 42 1/2.

CUYP (Aelbert)

149 Pêcheurs vendant leur poisson sur la plage

Panneau, H. : 45 1/2 ; L. : 65.

CUYP (Aelbert)
(École de)

150 L'arrivée des pêcheurs, et baigneurs sur la plage

Panneau, H. : 46 ; L. : 69.

DEKKER (Cornelis-Gerritsz)

Mort à Haarlem en 1678.

151   Halte de cavaliers à l'auberge, au bord
du chemin

Panneau, H. : 3o; L. : 39 1/2.

DEKKER (Cornelis-Gerritsz)

152   Les ruines dù monastère

Toile, H. : 33; L. : 43.

DEKKER
(École de)

153   Bord de rivière

A gauche, la rivière sur laquelle glissent quelques barques et au
bord de laquelle quelques bateaux à voile sont à l'ancre. A droite, la
berge qui monte en pente douce plantée d'un massif d'arbres, puis les
murs tassés d'une vieille construction.

Panneau, H. : 56; L.: 76 1/2.

DELEN ou DEELEN (Dirk van)

Né à Heusden en 1605, mort à Arnemuyden en 1671. Élève de F. Hals.

154 Intérieur d'église de style ogival, avec plusieurs
figures

Cuivre, H. : 20; L. : 29 1/2.

Ce peintre exécuta l'architecture de divers tableaux de Boeyemans, de Link Hals,
de Pieter Codde, de Palamedes, de Wouwerman, etc.

DIRVEN (Isaack van)

Travaillait à La Haye vers 1643.

155 Poissons et tranches de poissons
sur une table

Panneau, H. : 61 1/2 ; L. : 77 1/2.

DOW (Gérard)

(Attribué à)

Né à Leyde en 1613, mort en 1680, fut l'un des élèves les plus illustres de Rembrandt.

156 L'ermite dans sa grotte

Le vieil ascète est assis dans sa grotte un livre ouvert sur ses genoux. Près de lui, sur une table couverte d'un tapis rouge, il y a une tête de mort, un sablier, un crucifix, un bénitier, un chandelier, un in-folio disposé en pupitre, etc.

Toile, H. : 60 ; L. : 49.

DOW (Gérard)

(École de)

157 La petite ménagère

Elle apparaît dans sa fenêtre, debout près d'un baquet, dans lequel elle fait de la pâte. Près d'elle une cafetière renversée et quelques oignons.

Panneau, H. : 17 1/2 ; L. : 13 1/2.

DROOCHSLOOT (Joost-Cornelisz)

Né probablement à Utrecht en 1586, mort dans la même ville, le 14 mai 1666.

158 Paysage

A droite et à gauche, de grands arbres dressent leurs frondaisons vertes vers le ciel. Au milieu, une large trouée sur l'horizon découvre la ligne des collines lointaines. Au premier plan, un homme porte des faucons, suivi de son chien, tandis qu'un autre s'allège et qu'un troisième se repose assis.

Signé et daté en bas, à gauche : J. C. D. (en monogramme) 1628.

Panneau, H. : 26; L. : 40.

DUCQ (Jean Le)

Né à La Haye en 1636, mort en 1695. Élève de Paul Potter.

159 Les Mousquetaires

Panneau, H. : 32; L. : 44 1/2.

EECKOUT (G. Van den)

Né en 1621, mort en 1674.

160 Jésus enfant, au Temple, au milieu des Docteurs

Panneau, H. : 54; L. : 81.

EMONT (Adriaen van)

Visita la France en 1650, fut enterré à Dordrecht en 1662.

161 Jésus guérissant un aveugle

Dans un paysage, occupé à droite par une tour en ruines, Jésus, accompagné de ses disciples, rend la vue à un aveugle qui a mis un genou en terre devant lui.

Panneau, H. : 58; L. : 76.

EMONT (Adriaen van)

162   Agar et Ismaël, chassés par Abraham

A droite, une grande construction, flanquée de tours rondes et carrées, se dresse sur la hauteur. Au premier plan, on aperçoit, sur le chemin qui descend, Abraham chassant Agar et son jeune fils Ismaël. A gauche, au fond, la vue s'étend sur un paysage montagneux et boisé.

Panneau de forme ovale, H. : 46 1/2; L. : 62.

FABRITIUS (Bernaert)

En 1657, il se trouvait à Leyde.

163   L'Incrédulité de Saint Thomas

En bas à droite, une signature en partie effacée avec cette date : 1645.

Panneau, H. : 46 1/2; L. : 60 1/2.

GAEL ou GAAL (Barent)

Né à Haarlem vers 1620, mort en 1687 ou 1703. Élève de Wouwerman, il imita plus tard Isaac et Adriaen van Ostade.

164   Halte à l'auberge au pied d'une vieille tour

H. : 49; L. : 39.

GOYEN (Jean van)
(École de)
Leyde, 1596-1656.

165   Bateaux de pêche à l'ancre

Signature illisible.

Panneau, H. : 31 1/2; L. : 39.

GROOT (Jan van Junior)

Maître à La Haye en 1757.

166   Les Renards et la poule

Signé à gauche, en bas : Jan V. Grooth junior ,anno 1785, p.

Toile, H. : 37; L. : 31.

GRUYTER (I. de)

Travailla à Rotterdam, de 1663 à 1689.

167   La Vieille tour à l'entrée du port

A gauche, dominant les constructions par où s'indiquent les travaux fortifiés de la ville, la vieille tour se dresse, échelon avancé sur la mer du *Burg* que l'on aperçoit sur la montagne au fond. A droite, les frégates à l'ancre se balancent sous le ciel clair. Au premier plan, des embarcations de plaisance s'offrent à des gentilshommes et à de nobles dames pour aller visiter la flotte.

Signé au milieu, sur la muraille la plus rapprochée du bord de la mer : E. Grüyter fecit 1663.

Panneau, H. : 90; L. : 130.

Il y a des tableaux de ce peintre au Rijks Museum d'Amsterdam (n° 116) et chez le Baron Wrangel, à Dresde. Consulter : *Oud Holland* 1904, p. 112.

HEEMSKERK (Egbert van)

Né à Haarlem en 1610, mort dans la même ville en 1680.

168   Le Barbier rebouteux

Un barbier de village, debout, pose un emplâtre sur la tête d'un paysan assis. A droite, une grosse femme en capuchon regarde la scène en louchant.

Signé à gauche, en bas, d'un monogramme.

Panneau, H. : 15; L. : 13.

HEEMSKERK le Jeune (Egbert van)

Haarlem, 1645-1704. Élève de Grebber.

169   Le Concert

Dans un intérieur villageois les gens se sont installés autour de la table : la femme vêtue de noir, de jaune et de rouge, joue du flageolet. Un pichet de grès sert de pupitre à sa musique. Le mari, les bras croisés sur la table, s'ébaudit gaiement, tandis qu'une grosse commère dans le fond, debout, et les poings aux hanches, chante à bouche que veux-tu. Dans l'ombre, à gauche, on aperçoit deux autres personnages qui prennent leur part de la joie.

Signé à droite, sur la traverse de la table, du monogramme HK.

Panneau, H. : 17 1/2 ; L. : 21.

HEES (Gerrit van)

Travailla à Haarlem vers 1650.

170   Chaumières au bord du chemin

A droite, les chaumières sont construites à l'abri des grands arbres et au bord du chemin qui serpente en pente douce et qu'une vive lumière éclaire à son tournant. Sur le côté du chemin, au premier plan, deux hommes sont arrêtés l'un assis, l'autre debout vu de dos. Sur le côté opposé, le sol se relève et un massif d'arbres s'y dresse, aux branches dépouillées ; à gauche, au fond, on aperçoit des prés et, plus loin qu'une rangée d'arbres, d'autres chaumières, sous un ciel chaud.

Panneau, H. : 41 ; L. : 58 1/2.

Ce peintre de Haarlem appartenait à l'école de Jacob Ruysdaël. Il y a des tableaux de lui au musée de Haarlem, de l'Académie de Vienne (n° 893), de Rennes, de Lille (n° 266).

Consulter : *Hofstede de Groot : Repertorium für Kunstwissenschaft.* Tome XXV, 4ᵉ partie, 1902. Article consacré à Gerrit van Hees : Le tableau de la collection Delaroff est cité à la page 3.

HEYDEN (Jan van der)
1637-1712.

171   Le tambour et le drapeau

Sur une table couverte d'un tapis gris, un tambour autour duquel se trouvent quantité d'objets divers.

Panneau, H. : 35 ; L. : 28.

HONDEKŒTER (Gilles de)
Anvers 1627.

172   Les animaux au paradis terrestre

Signé à droite, en bas des initiales : G. DH.

Panneau, H. : 59 ; L. : 101.

Cadre en bois sculpté.

HONDEKŒTER (Melchior de)
(Attribué à)
Utrecht 1636-1695. Élève de Weenix.

173   Coq, poules et poussins

Toile, H. : 70 ; L. : 106.

HONTHORST (Gerrit van), dit Gherardo
della Notte
Né à Utrecht en 1590, mort dans cette ville en 1656. Fut élève d'Abraham Blomaert.
Travailla à Londres au palais de Whithall.

174   La partie de cartes chez les courtisanes

Toile, H. : 84 ; L. : 103.

HOOFT ou HOET (Jan)

175 Maisons et tour en ruine au bord
d'une rivière

Signé à droite, en bas : Jan Hooft.

Panneau, H. : 44; L. : 55.

HUCHTENBURGH (Jan van)

Né à Haarlem en 1646, mort à Amsterdam en 1733. Élève de Thomas Wyck. Il suivit
surtout la manière de Philips Wouwerman.

176 Chasse au Cerf

Toile, H. : 55; L. : 69.

JONGH (Ludolf de) dit Lieve de Longh

Né à Overschie en 1616, mort à Hillegesberg en 1669. Élève de Salfleven,
de Palamedes et de Bylert.

177 Combat de cavalerie

Deux par deux, ils combattent, mousquetaires et hommes en armures
montés sur des chevaux fougueux. Au premier plan, un homme désarmé
roule sur le sol.

Signé à droite, en bas : J. M. D. Jongh 1633. (Les 2 premières initiales formant monogramme.)

Panneau, H. : 26 1/2; L. : 34 1/2.

JONGH (Ludolf de) dit Lieve de Longh

178 Chasse au Sanglier

Six chiens forcent un sanglier qui vient d'en terrasser un. A droite,
un chasseur sonne du cor; à gauche, un cavalier paraît, son cheval étant

à demi-caché par un pli du terrain. A gauche, s'étend un bois aux frondaisons mordorées par l'automne. La tonalité du paysage rappelle ceux d'Aelbert Cuyp.

Panneau, H. : 49 ; L. : 65 1/2.

Comparer cette œuvre avec une *Chasse au renard*, du même maître, conservée sous le n° 1362 au Rijko-Museum d'Amsterdam.

KLOMP (Aelbert-Jansen)

Né à Amsterdam en 1618 ; disparu le 20 décembre 1688.

179   Devant une chaumière un bœuf debout
et deux brebis couchées

Au fond à gauche, de l'autre côté d'une rivière, on aperçoit une ville sous un ciel orageux.

Signé à gauche, en bas dans le terrain : Klomp.

Panneau, H. : 35 ; L. : 39 1/2.

Ce peintre, sur qui l'on ne possède aucun renseignement, prend place à côté de Paul Potter et d'Aelbert Cuyp, par la vision qu'il a de la nature.

LAER (Van)
Pierre, dit Bamboch. — Haarlem 1613-1674.

180   La Halte des chasseurs à la fontaine

Toile, H. : 50 1/2 ; L. : 72.

LELIENBERGH (Cornelis)
Inscrit en 1636 comme membre de la Gilde de St-Luc, à La Haye, où il travailla jusqu'en 1656. Il vivait encore en 1672.

181   Gibier mort

Devant un mur jaunâtre, sont suspendus à un clou, et attachés par une patte, un canard sauvage et une perdrix. Sur une table, en bas, on a disposé un bouvreuil et un ortolan.

Signé à droite, en bas : C. Lelienbergh f.

Toile, H. : 55 ; L. : 43 1/2.

LIN (Hermann van)

Surnommé Stilpeid. Vécut et travailla à Utrecht, de 1659 à 1667, à Overmann et à Decan de 1668 à 1670.

182   Cavaliers dans une cour d'auberge

Les cavaliers se sont arrêtés. A droite, au premier plan, deux chiens se désaltèrent au-devant d'une forge dans laquelle on s'apprête à ferrer un cheval blanc. Au milieu, un cavalier couché caresse un chien. A gauche, un homme à cheval parle à un jeune homme. Au fond, on aperçoit divers édifices et une tour carrée.

Signé en bas, à droite : H. V. Lin. f.

Bois, H. : 39; L. : 51 1/2.

Il fit partie de la confrérie de St-Luc. On trouve des tableaux de lui, à Dresde, Carlsruhe, Munich, Schewerin et Vienne.

LINGELBACH (Jean)

Né à Francfort-sur-le-Mein en 1623, mort en 1674.

183   Cavaliers à la fontaine

A gauche, des cavaliers mènent leurs chevaux boire à la fontaine. A droite, plus loin qu'une colonne à chapiteau corinthien, on aperçoit des bateaux à voile.

Toile, H. : 72; L. 94.

LINGELBACH

184   Le chargement des bateaux sur un quai par des bagnards

Signé à gauche, en bas : I. Lingelbach.

Toile, H. : 40; L. : 54.

LOOTEN (Jan)

Né à Amsterdam en 1618? Mort dans cette ville en 1681.

185 Chemin dans la montagne, paysage boisé
et figures

Toile, H. : 82; L. : 83.

LUNDENS (Gerrit)

Amsterdam 1622-1677.

186 Lavandière dans une étable

Toile, H. : 56; L. : 79.

LUNDENS (Gerrit)

187 Fermière et sa vache

Panneau, H. : 22 1/2; L. : 22 1/2.

LUSTIKHUYS (J.)

vivait au dix-septième siècle.

188 Portrait de femme

Elle est représentée de trois quarts, à gauche, vue jusqu'à la poitrine ;
ses cheveux blonds tombent en boucles multiples de chaque côté de
son visage rose. Elle porte une ample collerette de batiste blanche bro-
dée avec deux petits nœuds de ruban.

Panneau, H. : 5o; L. : 35 1/2.

MAES (Nicolas)

Dordrecht 1632-1693. Fut élève de Rembrandt.

189   Portrait de femme

Elle est debout, de trois quarts à gauche, en robe rouge décolletée, un manteau marron jeté sur l'épaule droite et qu'elle retient de la main gauche, le bras droit appuyé sur une console : la figure se détache sur un fond de paysage du soir.

Toile, H. 56; L. : 45.

MARCELLIS (Otto) dit de Snuffelaer

1619-1678.

190   Nature morte

Toile, H. : 71; L. : 87 1/2.

MEYERINGH ou MEYIERING (Aelbert)

645-1714.

191 Bergers antiques conduisant leur troupeau

A l'entrée d'un bois, sur un chemin ensoleillé, des bergers vêtus à l'antique poussent devant eux leurs troupeaux de moutons, de vaches et de chèvres. A droite au fond, on aperçoit une tour, puis de l'autre côté d'une rivière les constructions d'une ville antique au pied d'une colline.

Signé à gauche, en bas : Meyering.fecit.

Toile, H. : 60; L. : 84.

MEYERINGH (A.)

192   Bergers d'Arcadie

Signé à droite en bas.

Toile, H. : 78: L. : 92.

MIÉREVELT (Michel-Jean)

Delft, 1567-1641?

193   Portrait de femme

Panneau, H. : 49; L. : 7 /2

MIEREVELT (École de)

194   Portrait d'homme

Il est représenté à mi-corps, de trois quarts à gauche, en pourpoint noir à crevé blanc. Sa barbe en pointe se dessine sur une fraise à tuyautés souples. Il a les cheveux châtain clair coupés court.

Toile, H. : 62; L. : 53 1/2.

MIERIS (Attribué à Guillaume van)

Leyde 1662-1747. Élève de son père.

195 Diane découvrant la grossesse de Callisto

Toile, H. : 65; L. : 82 1/2.

MIERIS (Attribué à Guillaume)

196 La diseuse de bonne aventure et la
     jeune princesse

Panneau, H. : 42; L. : 35 1/2.

MIGNON (Abraham)

Francfort 1640-1679. Élève de Jacques Morel et de J.-D. de Heem.

197   Fruits dans un décor d'architecture

Toile, H. : 89; L. : 70.

MOEIJAERT (Nicolaes-Cornelisz)

Né à Amsterdam avant 1600, mort dans cette ville après 1659.

198   Bethsabée au bain, recevant par l'entremise
d'une vieille femme une lettre de David

Panneau, H. : 57; L. : 42 1/2.

Les œuvres de ce peintre sont rares. Voir M. Olof Grandberg, *les Collections privées
de la Suède*, 1886, p. 99.

MOLENAER (Corneille, dit le louche)

Anvers 1540-1589.

199   Le Petit cavalier dans le chemin qui monte

Signé en bas, vers la droite, des initiales C. M. •

Panneau, H. : 18; L. : 23 1/2.

MOLENAER (Jan-Miensé)

Haarlem 1600-1668.

200   Le Barbier rebouteux

Au premier plan à gauche, un vieillard assis sur un fauteuil en X
montre au rebouteux sa jambe dont celui-ci va panser la plaie. Une

femme se penche au-dessus du rebouteux et suit avec attention l'opération.

Dans le fond à droite une autre femme est en train de couper les cheveux d'un homme dont le vêtement est protégé par un drap blanc. Au fond, franchissant la porte ouverte, un vieillard apparaît le bras en écharpe.

Panneau, H. : 17 ; L. : 21.

MOLENAER (Jan-Miense)

201   La Partie de cartes au cabaret

Un tonneau leur tient lieu de table. Ils sont trois, assis autour et jouant aux cartes, l'homme à gauche, vêtu de gris et vu de dos, l'homme à droite en veste bleu, la tête tournée de trois quarts à gauche, le troisième de face, la bouche ouverte pour un rire béat. A droite un quatrième personnage se tient debout assistant à la partie.

Signé à droite en bas, sur le tonneau qui sert de siège : J. Molenaer.

Panneau, H. : 27 ; L. : 22.

MOLENAER (Jan-Miense)

202   Le Jouvenceau galant

Dans une chambre éclairée à gauche, un homme à mine souriante pose son bras gauche autour du cou d'une femme âgée, assise à côté de lui, tandis que de la main droite, tenant une bouteille, il va remplir le verre de cette aïeule. A droite en haut, on aperçoit par une fenêtre ouverte la tête d'un vieillard. A gauche, sur un tonneau on a déposé une pipe, du tabac, et des charbons allumés dans un réchaud.

Toile, H. : 46 1/2 ; L. : 37 1/2.

MOLENAER (Jan-Miense)

203   Galanterie macabre

Signé en haut sur la cheminée : Jan Molenaer.

Panneau, H. : 30 ; L. : 24.

MOLENAER (Jan-Miense)

204   La lecture de la lettre

Dans l'intimité du foyer, le vieux, assis, la trogne enluminée, donne aux siens qui l'entourent lecture d'une lettre. Au fond, quelques autres figures dans l'ombre. Au premier plan un chien blanc est couché à côté de son maître.

Panneau, H. : 29 1/2; L. : 29.

MOLYN (Pieter)
Né à Haarlem vers 1637, mort en 1701.

205   Paysage

A gauche, trois arbres entrelacés ; au milieu, une cabane, et à droite, vue sur une plaine que traversent deux carrioles. Au premier plan on aperçoit un homme agenouillé, une femme et un enfant.

Panneau, H. : 38; L. : 58 1/2.

MOLYN (Pieter)

206   Entrée de Bois sous la neige

Au milieu un chemin que suivent trois personnages, le dos voûté, frileusement : à droite et à gauche du chemin, des remblais du sol, de vieux troncs de saules, de grands arbres aux branches dénudées et des chaumières, le tout couvert de neige sous un ciel lumineux, au devant duquel s'envolent de grandes nuées.

Signé à droite, en bas : Molyn.

Panneau, H. : 23 1/2; L. : 20 1/2.

MOLYN

207 Le Coup de vent

Le vent souffle, les arbres sont penchés ; dans le ciel nuageux la tempête se prépare ; et sur le chemin qui passe au pied du coteau, un homme et une femme suivis de leur chien marchent péniblement, luttant contre la bourrasque.

Signé en bas, à gauche : Molyn...

Panneau, H. : 25 ; L. : 35 1/2.

MURANT (Emmanuel)

Né à Amsterdam en 1622, mort en 1700.

208 Cavalier et levrier sur un chemin qui descend

Au fond à gauche un burg fortifié, entouré d'eau.

Panneau, H. : 43 ; L. : 54.

MYN (Herman van der)

Amsterdam 1684-1741. Fut élève de Steuven.

209 Poires, raisins, pêches et abricots sur un coin de console

Signé en bas : H. van Myn.

Toile, H. : 48 ; L. : 40.

NEER (Aert van der,)
(École de)

Amsterdam 1603-1677.

210 Effet de lune sur un village au bord de la rivière

Panneau, H. : 35 ; L. : 48 1/2.

NERL (Jacob van)

211   L'arbre mort

Signé à droite en bas : Jacob v. Nerl 1737.

Panneau de formule ovale, H. : 19; L. : 26.

NICKELE ou NIKKELEN (Isaak van)
Vivait au dix-septième siècle.

212   Intérieur d'une cathédrale

C'est une nef latérale qui reçoit un vif rayon de lumière, et où des personnages se saluent.

Toile, H. : 35; L. : 30.

OVERF (Pieter van)
Vivait vers 1648, d'après Nagler (*Künstler Lexicon*, t. X, p. 442.)

213   Nature morte

Sur une table recouverte d'une draperie grise, on a déposé six petits oiseaux morts et trois pêches dont une ouverte.

Signé sur le fond, presque au milieu du tableau et sur la gauche : P. V. Overf.

Panneau, H. : 28; L. : 40.

Voir Füssli (*Allgeheimes Künstler Lexicon*, 1779, t. I, p. 471.)

PALAMEDES (Antoine)
Né à Delft 1646.

214   Réunion galante

Autour d'une table, des gentilshommes sont assis en compagnie de dames aimables. Au premier plan il en est un qui caresse le menton d'une jolie personne blonde et ne s'aperçoit pas qu'un gamin est en train de le voler sous l'œil attentif d'une femme qui se fait sa complice : pendant ce temps, un homme debout, en toque rouge, multiplie les trilles de sa flûte. A droite, dans une cour, on aperçoit une commère qui chasse un gamin à grands coups de balai.

Toile, H. : 60; L. : 84 1/2.

PALAMEDES (Antoine)

215   Le Bal

Panneau, H. : 35; L. : 43.

POEL (Adriaen van der)

216   Une cour de Ferme

Au milieu, près d'un arbre dépouillé, une femme tire de l'eau d'un puits. Sur le sol, à droite et à gauche, des ustensiles de ménage sont jetés, au milieu desquels on voit des poules, des canards et un chien couché.

Signé à gauche, en bas : A. V. Poel. (Les trois premières lettres forment monogramme).

Panneau H. : 26; L. : 33.

Né on ne sait où, en 1634 ou 1635, enterré à Leyde en 1685 ou 1685. Depuis 1656, des documents le signalent comme résidant à Leyde. Peut-être ne fut-il qu'un peintre amateur, puisque, en 1676 il fut nommé « brandewynverkooper » (marchand d'eau-de-vie) à Leyde. Ses tableaux sont rares si l'on en croit une communication de M. Abraham Bredius, publiée pour la première fois dans le « *Katalog des Provinzial-Museums zu Hannover*, 1891, p. 172.

Les seuls tableaux connus de ce peintre, en dehors de ceux de la collection Delaroff sont : le n° 391 du Musée provincial de Hanovre et une *Scène de patineurs* du musée de Darmstadt.

POELENBURGH (Cornelis van)
1586-1667.

217   Le Bain des Nymphes

Panneau, H. : 26; L. : 20 1/2.

POELENBURGH (Cornelis van)

218 Figures antiques dans un paysage arcadien

Panneau, H. : 3o; L. : 38.

PORCELLIS (Jan)
Leyde 1597-1641. Fut élève de H. C. Vroom.

219 Barques de pêche au large, par une mer agitée

Toile, H. : 36 1/2; L. : 49 1/2.

PORCELLIS (Jan)

220 Naufrage et tempête

La mer est démontée et contre le roc qui domine les flots tumultueux, un vaisseau vient de se briser. Déjà un autre vaisseau a été englouti dont on ne voit plus que le mât auquel deux hommes se suspendent désespérément. Une barque semble se porter à leur secours. A gauche, un autre bateau est le jouet des vagues.

Panneau, H. : 43 1/2; L. : 64 1/2.

REMBRANDT
(École de)

221 Portrait d'homme

Il est représenté jusqu'à la poitrine, presque de face en habit marron ouvert sur un plastron rouge. Il a sur le crâne un bonnet de fourrure profondément enfoncé et serré par une serviette tordue. Son visage au teint accentué est marqué, par la vie difficile, de rides et de bosses; une moustache grisonnante abrite sa bouche lippue. La figure se détache sur un fond neutre.

Toile, H. : 53; L. : 48.

ROMEYN (Willem van)

Utrecht. — Né en 1624, mort en 1693.

222 Le Pâtre faisant paître ses bêtes
dans la campagne

Signé à gauche, en bas : W. Romeyn, les deux premières lettres formant monogramme.

Toile, H. : 40 1/2; L. : 47 1/2.

SCHALCKEN (Jacques)

1634-1721?

223 Homme jeune examinant un buste, à la clarté
d'une chandelle

Toile H. : 33; L. : 26.

SCHOTANUS (Petrus ou Pouwels)

Peintre de Leuwarden.

224 Nature morte

(Pendant du suivant.)

Sur une table, on a déposé une dizaine de bécasses et d'autres oiseaux
morts, un choux violet et un sceau. Derrière la table, deux petits lièvres
sont suspendus au mur.

Signé sur le rebord de la table : P. Schotanus.

Panneau, H. : 62; L. : 47.

D'après Olof Granberg (*Catalogue raisonné des collections privées de la Suède*, 1886,
p. 105), les tableaux de ce peintre sont fort rares.

SCHOTANUS

225 Chien de chasse et gibier

Pendant du précédent.

A droite, en haut, un chat est peint sur le mur.

Panneau, H. : 63 ; L. : 47.

SNELLINX (Jan)

Travailla à Rotterdam au dix-septième siècle.

226 Intérieur d'une grange

Des légumes et des instruments de cuisine groupés au milieu de la grange et formant pyramide. Une vieille femme en caraco rouge apparaît à droite dans le châssis ouvert d'une porte.

Panneau, H. : 37 ; L. : 48 1/2.

Ce peintre fut un imitateur des intérieurs de Hermann et de Cornelis Saftleven.

SNELLINX (Jan)

227 Dans la grange

Signé à gauche, sur une planche de bois, du monogramme J. S.

Panneau, H. : 27 ; L. : 38.

STEEN (Jan)

228 Le Visiteur entreprenant

Le bonhomme était venu causer innocemment avec une maritorne et voici que tout à coup une fantaisie galante le saisit et ses mains fourragent parmi les jupes ; mais la femme se défend avec énergie.

Panneau, H. : 29 ; L. : 21 1/2.

STOOP (Thierry)

Dordrecht, né vers 1610, mort vers 1686.

229   La chasse au faucon

A droite, le carrosse contenant les dames est arrêté, auprès duquel sont deux chasseurs, l'un vu de dos en habit rouge, l'autre vu presque de face en habit rose. Entre les deux, le fauconnier se tient debout vu de dos. La composition comprend encore quelques figures.

Panneau, H. : 47 : L. : 63.

STOOP (Thierry)

230   Le jeune endormi

Panneau, H. : 44; L. : 34 1/2.

STRAATEN ou Straeten
Hendrick ou Van der Straaten ou Verstraaten

Né à Haarlem (vers 1665) membre de la confrérie des peintres de Haarlem en 1687. Vécut longtemps à Paris où on le nommait : « De la Rue »; passa en 1690 en Angleterre, où il mena, dit-on, une vie déréglée. Mourut à Londres en 1722.

231   Ferme au bord d'une rivière

Parmi les arbres, à droite, la ferme est construite et, au milieu, une lavandière s'éloigne portant un seau à la main. A gauche et au premier plan, la rivière coule entre des rives boisées. Dans le ciel, il y a une importante chevauchée de nuages gris.

Signé à droite, en bas sur le terrain : V. Straeten, 1709.

Toile, H. : 79; L. : 100.

D'après Weyerman : *Levensbeschreyvungen der Nederlandschen Kunstschilders.* Scravenhage 1919 (T. III, p. 365), ce peintre peignit des paysages dans le goût de Jacob Ruisdael et de Hobbema. Le tableau de la collection Delaroff est le seul connu de l'artiste. Il y a de lui deux dessins au Musée Teylor à Haarlem, signés H. Verstraten, et deux autres à l'Albertine de Vienne, signés H.-V. Straaten. Il est évident que beaucoup de ses tableaux passent pour des œuvres de l'école de Ruisdael et de Hobbema et sont même dans le petit commerce attribués à ces maîtres.

Nagler a commis une erreur en donnant les années 1680 et 1765 comme dates de sa naissance et de sa mort.

STREEK (Juriaen van)

Né vers 1642 et mort le 12 juin 1678.

252   Nature morte

Sur une table couverte d'une draperie jaune à frange, un carafon en grès, une coupe de Delft contenant des oranges et un citron, une tranche d'orange posée sur une assiette en métal, et un pain.

Toile, H. : 64; L. : 51 1/2.

STUVEN (Ernst)

Né à Hambourg en 1657. Fut élève de J. Voorhout et d'A. Mignon.

253   Écureuil et chardonneret se disputant des fruits

Toile, H. : 74 1/2; L. : 63.

SWANENBURGH (Jakob-Isaacsz van)

Mort en 1638.

254   Intérieur de cuisine avec deux figures

Signé vers la gauche, sur le bois de l'établi : IS.

Panneau, H. : 27 1/2; L. : 37 1/2.

SWANENBURGH (Jakob-Isaacsz van)

255   Les Docteurs commentant les Écritures
devant le Roi

Signé vers le milieu en bas, sur la couverture du livre : (SI entrelacés).

Panneau, H. : 48 1/2; L. : 64.

SWANEVELD (Herman, dit Herman d'Italie)

Né à Woerden en 1600, mort en 1655. Fut élève de Claude Lorrain.

236   Cavalier cheminant le long de la forêt

Il est suivi de son chien et, plus loin, on aperçoit dans la plaine un autre cavalier accompagné d'un page tenant un faucon.

Toile, H. : 72; L. : 95.

TEGNAGEL (Jan)

Né à Amsterdam en 1584, mort dans la même ville en 1635.

237   Circé change les Compagnons d'Ulysse
en pourceaux

Au milieu, Circé, de sa baguette de magicienne, change un des compagnons d'Ulysse en pourceau ; celui-ci, debout et armé, est dans une attitude suppliante. A gauche, deux suivantes de la magicienne contemplent la scène, tandis qu'une troisième, à droite, emmène les pourceaux. Dans la chambre, on a disposé un métier de tisserand, un rouet et une table recouverte d'un drap rouge ; au dehors on voit une cour, une terrasse, des palais et des arbres fantastiques.

Signé en bas, à droite, sur un tabouret renversé : J. Tegnagel, fecit A° 1612.

Panneau, H. : 46 1/2 ; L. : 66 1/2.

Il existe encore deux tableaux de Tegnagel, l'un dans la galerie du comte de Moltke à Copenhague, l'autre au Rijksmuséum d'Amsterdam (Banquet de la compagnie du Capitaine Geurt Dircksz. Van Beusimgen, 1613).

TOL ou Tool

Né vers 1631, mort en 1676.

238   Portrait d'un vieillard

En buste de face et à mi-corps, il est vêtu d'une robe brune.

Panneau, H. : 17; L. : 13 1/2.

TORENVLIET (Jacques)

Leyde, 1641-1719.

239 Vieillard tenant un livre dont il montre
le premier feuillet où on lit cette date : 1679

Signé à gauche, en haut : Torenvliet.

Cuivre, H. : 17; L. : 14. Cadre en bois sculpté.

UIJTENBROECK ou Vyt den Broeck
ou Vten Brouck (Mozes van)

Né en 1590 à Delft, mort après 1648 à La Haye.

240 Vénus et l'Amour

Dans un paysage arcadien, une hollandaise nue, aux chairs abondantes, symbolisant Vénus, dort et s'étire dans son sommeil. A côté d'elle repose l'Amour. A droite, le tronc d'un arbre ; à gauche, au fond du paysage, on aperçoit un édifice à coupole, en ruines.

Panneau, H. : 23; L. : 31.

UIJTENBROECK (Mozes van)

241 Scène pastorale

Près d'une cascade une bergère couronne un berger, tandis qu'à gauche on aperçoit les troupeaux au pâturage.

Panneau, H. : 32; L. : 45.

VEEN ou VENNE (Dirck de)

Travaillait au dix-septième siècle.

242 Les fous pour une figure des danses
de la mort

Pendant du suivant.

Signé à gauche, en bas : Dirck de Venne, 1631, grisaille.

Panneau, H. : 40 1/2; L. : 32.

VEEN (Dirck de)

243 Les mendiants. Peinture pour une danse de la mort

Pendant du précédent.

Signé : 1632, de Veen, grisaille.

Panneau, H. : 40 1/2; L. : 32.

VEEN (Dirck de)

244 Bataille d'estropiés

Peinture au camaïeu. Signé à droite, en bas.

Panneau, H. : 35; L. : 41 1/2.

VEEN (Dirck de)

245 Noot maeckt blood!

Bataille d'estropiés

Peinture au camaïeu.

Panneau, H. : 31; L. : 42.

VELDE (Isaac van de)

Né en 1587 à Amsterdam, mort en 1630, à La Haye.

246 Scène de pillage

A gauche, un soldat, vu de dos, l'épée au poing, a saisi à la gorge un paysan sur le seuil même de sa maison. La femme du paysan le retient par derrière et veut lui venir en aide. Au milieu du tableau, est un chariot chargé d'ustensiles de ménage ; à droite, au premier plan, un grand arbre et, sur le sol, des tapis, des couvertures, des lanternes et des pots de métal sont jetés pêle-mêle. Au fond et devant une campagne plate, on aperçoit deux chevaux, un cavalier, des arbres et des maisonnettes basses.

Panneau, H. : 40; L. : 55 1/2.

Quelques amateurs ont vu dans ce tableau une œuvre d'Arent Arentsz di Cabel Voir les n°° 373 et 374 de Ryksmuseum d'Amsterdam) ou de David Vinckeboons (Voir les n°°, 2556 et 2557 du même musée) ou de Jan Martsen de Jonghe (Voir le n° 1525 du même musée).

VELDE (Isaac van de)

247   Pâturages en avant d'un village et de chaque côté d'une route

Signé a gauche, en bas : J. V. Velde 1633.

Panneau, H. : 12; L. : 20.

VELDE (Adriaen van de)

Né à Amsterdam en 1635, mort en 1672. Élève de Wynants.

248   Le coup de canon tiré par la frégate royale

Toile, H. : 29 1/2; L. : 36.

VELDE (Adriaen van de)

249   Pâturage

Dans une campagne vallonnée, les deux bergers sont assis, tandis que paissent leurs vaches. Au loin, dans la plaine, on aperçoit la silhouette d'une ville.

Panneau, H. : 19 1/2; L. : 23.

VELDE (Adriaen van de)

250   Combat de cavalerie

Panneau, H. : 43 1/2; L. : 64 1/2.

VELDE (École de Wilhem van de)

251   Pinjkes à l'embouchure de l'Escaut

Panneau de forme ronde, H. : 27 1/2 ; L. : 28 1/2.

VENNE (Adriaen van der)

Né à Delft en 1589, mort en 1662. Fut élève de Van Diest.

252   La Tentation de Saint Antoine

L'Ermite en prière, ayant près de lui une jeune femme en costume décolleté, est entouré de figures monstrueuses qui agacent de leur ironie cette tentation.

Signé à gauche, en bas : Venne.

H. : 32 ; L. : 41.

VERKOLYE (Johannes)

Né à Amsterdam en 1650, mort à Delft en 1693.

253   Portrait d'homme

C'est peut-être le portrait de John Locke qui vécut en Hollande de 1683 à 1689. Il est représenté debout, en vêtement foncé, tenant un rouleau de papier à la main, le bras appuyé sur un balcon de pierre.

Toile, H. : 40 1/2 ; L. : 33.

Ce portrait rappelle beaucoup ceux de Gaspard Netscher, par exemple le 257 du Musée de Stuttgard, et le 129 du Musée de Strasbourg. Il rappelle également certains portraits de Jan Veenix, tel que le 2613 du Rijksmuséum d'Amsterdam. Cependant il n'y a plus de doute sur notre attribution quand on compare le portrait de la collection Delaroff avec celui d'Adriaen Christiansz. Van Grœnevegen, n° 2523 du Rijksmuséum d'Amsterdam.

VERKOLYE (Johannes)

254 Intimité

Dans une chambre, près d'une table couverte d'un tapis d'Orient, deux femmes sont assises, l'une chante, l'autre va boire. Toutes deux ont leur corsage amplement ouvert.

Panneau, H. : 39; L. : 33.

VERSCHURINGH (Hendrik)
1657-1715.

255 Le Coche

L'arrivée du coche en vue de la ferme.

Signé à droite, en bas : J. H. L. (monogramme) Verschüring.

Panneau, H. : 36 1/2; L. : 48.

VERSPRONCK (Jan) (Attribué à)
Haarlem 1597-1662. Fut élève de Fr. Hals.

256 L'homme au pourpoint noir

Il est vu jusqu'à la poitrine, de trois quarts à droite, en pourpoint noir et fraise de batiste blanche à tuyauté rigide. Il a la barbe rousse en pointe et des cheveux châtain clair.

Panneau, H. : 56; L : 44 1/2.

VERSTRAETEN (Antonius)

257 Patineurs sur un canal auprès d'un village aux maisonnettes basses

Signé en bas, au milieu sur le terrain, du monogramme: A. V. S.

Panneau, de forme ovale, H. : 25 1/2; L. : 34.

On est sans détails biographiques sur ce peintre hollandais, si ce n'est qu'à la date du 11 nov. 1628 on mentionne le mariage d'un Antoine Verstraelen à Amsterdam, peintre, natif de Gorkum et âgé de 34 ans.

VICTORS (Jan)
Travaillait à Amsterdam vers 1650, mort en 1676.

258   La marchande de légumes

Toile, H. : 55; L. : 69.

VIERPYL ou VOERPIEL (Jan-Carel)
Florissait à la fin du dix-septième siècle.

259   Les Musiciens

Des chanteurs et des chanteuses, des joueurs de basse et de violon, et, dans un coin, à gauche, un enfant et un singe qui se partagent des fruits.

La composition a pour décor un somptueux palais enrichi de sculptures.

Signé à droite, en bas: Vierpyl f. 1775.

Toile, H. : 67; H. : 83.

VLIEGER (Simon de)
Rotterdam 1601-1651.

260   La tempête et le naufrage au pied
des grandes roches

Panneau, H. : 52; L. : 80 1/2.

VLIEGER (Attribué à Simon de)

261   Pêcheurs remontant leurs filets

Toile, H. : 1.02; L. : 151.

VLIET (Hendrik-Cornelisz van der)
Né à Delft en 1608, mort en 1675.

262   La Nef centrale d'une église aux arcades
de plein cintre

Signé à droite, en bas : Vliet.

Panneau, H. : 19; L. : 23.

VONCK (Jan)
Amsterdam, florissait au dix-neuvième siècle.

263   Gibier à plume sur un étal de marbre
et de bois

Signé à gauche, sur le bord du marbre : J. Vonck fecit Aº 1654.

Toile, H. : 89; L. : 76.

VONCK (Jan)

264   Poissons sur une table de cuisine

Panneau, H. : 38; L. : 50.

VRELL (Jacobus)
Peintre hollandais, vivait au dix-septième siècle.

265   Le Cabinet du barbier

Dans une chambre aux murs gris, ornés de boiseries brunes, et
éclairée par une fenêtre à gauche, le barbier coupe les cheveux d'un

homme assis. A gauche, près de la fenêtre, un garçon qui porte son bras droit en écharpe semble attendre son tour pour être pansé. Divers instruments de médecine et un crocodile empaillé pendu au plafond ornent la pièce.

Panneau, H. : 52 1/2 ; L. : 40 1/2.

Voir, pour comparer, le n° 434 du Musée de Lille, le 790 du Musée d'Anvers, et le 319 du Musée de Bruxelles. Ces trois tableaux d'ailleurs sont faussement attribués à Isaac Kœdijck.

WEENIJX (Jan)
Amsterdam, 1640-1719. Élève de J.-B. Weenix.

266   Chien de chasse venant flairer du gibier
au fond d'un parc

Toile, H. : 1.21 ; L. : 1.56.

WEENIJX (Jan)

267   L'ennemi

Un vautour fond sur les poules et les poussins qui picoraient en paix dans un parc. Au fond, plus loin que les arbres, on aperçoit quelques détails d'architecture monumentale.

Toile, H. : 45 1/2 ; L. : 38.

WET (de)
Né à Hambourg, élève de Rembrandt.

268   Le Départ de l'Enfant Prodigue

Signé en bas, vers le milieu : F. de Wet (en monogramme) 1690.

Panneau, H. : 59 ; L. : 83.

WIJCK (Thomas)

Haarlem 1616-1677.

269   Pêcheurs au bord d'une rivière

A gauche, une construction de pierre au pied de laquelle la rivière vient battre. Au bord de la rivière, des pêcheurs, puis une barque couverte d'une bâche. A droite, au fond, un pont au-dessus duquel on aperçoit la courbe d'une colline.

Signé vers la droite, en bas sur le sol : Th. Wijck. Les deux premières lettres formant monogramme.

Toile, H. : 73 ; L. 59.

WILLAERTS (Adam)

Anvers 1577-1665.

270   La Flotte par une mer calme

Signé à droite, en bas sur une bouée, du monogramme : W.

Panneau, H. : 37 1/2 ; L. : 39 1/2.

WITTE (Emmanuel de)

Alkmaar 1607-1692. Élève de Van Aelst.

271   Intérieur d'église avec deux figures

Panneau, H. : 47 1/2 ; L. : 37.

WOUWERMANN (d'après Philips)
272   La Halte au Camp

Toile, H. : 48 ; L. : 57.1/2.

Pendant du suivant.

273   Le convoi

Toile, H. : 48 ; L. : 57 1/2.

Pendant du précédent.

WOUWERMANN (Jan)

Frère de Philippe. Né à Haarlem en 1629, mort en 1666.

274 Le Chemineau dans la montagne

Panneau, H. : 29; L. : 29 1/2.

ZORG (Jan-Pietersz)

1641-1726.

275 Intérieur de Cuisine

Panneau; H. : 36; L. : 45 1/2.

ZWART (Albert-Gérrits)

Leeuwarden + 1633.

276 Portrait d'homme jeune

Il est représenté de trois quarts à droite, jusqu'aux épaules, ses longs cheveux bouclés encadrant son visage vivement éclairé, vêtu d'un costume noir sur lequel est rabattu un col de batiste blanche empesé, garni de point coupé et noué par un cordonnet blanc que terminent deux glands de même couleur.

Panneau, H. : 37; L. : 32.

ÉCOLE HOLLANDAISE

Dix-septième siècle.

277 L'Alchimiste

Toile, H. : 43; L. : 31.

ECOLE HOLLANDAISE

Commencement du dix-septième siècle.

278 La femme aux mains croisées

Panneau, H. : 62 1/2 ; L. : 47 1/2.

ÉCOLE HOLLANDAISE

Dix-septième siècle.

279 Portrait d'homme

Toile ovale, H. : 71 ; L. : 57.

ECOLE HOLLANDAISE

. Dix-septième siècle.

280 Portrait présumé de Descartes

Il est représenté jusqu'à mi-corps, de trois quarts à droite, en pourpoint noir, avec un col de batiste blanche empesé, garni de point coupé.

Panneau, H. : 74 ; L. : 59 1/2.

ÉCOLE HOLLANDAISE

Dix-septième siècle.

281 Intérieur de Boucherie

Toile, H. : 64 ; L. : 53 1/2.

ECOLE HOLLANDAISE
Dix-septième siècle.

282   Chaumière couverte de neige au bord
d'un canal gelé

Panneau, H. : 45 1/2; L. : 37 1/2.

ÉCOLE HOLLANDAISE
Dix-septième siècle.]

283   Le Combat naval

Toile, H. : 76; L. : 116.

ÉCOLE HOLLANDAISE
Dix-septième siècle.

284   Portrait d'un homme jeune

Panneau de cuivre de forme ovale, H. : 17.1/2; L. : 16.

ÉCOLE HOLLANDAISE
Dix-septième siècle.

285   Deux pinjkes sur une mer agitée

Panneau, H. : 38; L. : 61.

ÉCOLE HOLLANDAISE
Dix-septième siècle.

286   Le Combat naval

Toile, H. : 56 1/2; L. : 99.

ÉCOLE HOLLANDAISE
Dix-septième siècle.

287　　　Les Chevriers

Signé à gauche, sur une roche, d'un monogramme, et daté : 1646.

Panneau, H. : 47 ; L. : 73.

ECOLE HOLLANDAISE
Dix-septième siècle.

288　　　Sloops de pêche à marée basse

Panneau, H. : 42 ; L. : 61.

ÉCOLE HOLLANDAISE
Dix-septième siècle.

289　　　Incendie de Sodome et de Gomorhe

Panneau, H. : 43 ; L. : 71.

ÉCOLE HOLLANDAISE
Dix-septième siècle.

290　　　Le Vieux chêne

L'arbre, comme un ancêtre géant, se dresse à droite sur un pli de terrain. A gauche, la campagne s'étend, boisée, toute illuminée de clartés blondes avec, au fond, parmi les verdures, le miroir d'une eau limpide.

Sur un sentier, à droite, un homme, une femme portant une banne sur la tête, un enfant ayant un panier au bras, et suivi d'un chien.

Panneau, H. : 20 1/2 ; L. : 25.

ECOLE HOLLANDAISE
Dix-septième siècle.

291   Tobie conduit par l'Ange

Le sujet biblique n'est motivé ici que par les deux petites figures qui se trouvent placées en bas, à droite, au premier plan : un ange aux grandes ailes de feu guidant les pas d'un homme vêtu de rouge, qui marche en s'appuyant de la main droite sur un bâton et qui porte, sous son bras gauche, un gros poisson. Mais à part cette indication précise, l'œuvre présente une rivière courant au creux d'une vallée, au milieu d'un paysage aux escarpements pittoresques. A gauche, un chevrier garde ses bêtes, dont quelques-unes sont grimpées sur la hauteur. A droite, au flanc des roches, un chemin serpente et, le long de ce chemin, on rencontre quelques constructions. Dans le haut même, on aperçoit un château. Au fond, vers la gauche, une ville est construite au bord de l'eau, et au pied des collines. Quelques vols d'oiseaux zigzaguent dans le ciel aux nuées grises. A gauche, un petit perroquet aux plumes bariolées se tient au bout d'une planche.

Toile. H. : 64; L. : 104.

ÉCOLE HOLLANDAISE
Dix-septième siècle.

292   Portrait de Maria Wilemme de Lange, bienfaitrice du Cloître de sainte Ursule de Oudewater

A gauche du portrait. on aperçoit le blason de la personne.

H. : 35; L. : 29.

ÉCOLE HOLLANDAISE
Dix-septième siècle.

295   Village sous la neige

L'Église se dresse au milieu et des fidèles en franchissent le seuil. Sur la place qui précède l'église, à gauche, des personnages se ren-

6

contrent et se saluent. A droite, d'autres gens se tiennent sur un canal
dont l'eau est glacée; quelques-uns patinent. Un traîneau s'avance, tiré
par un cheval blanc. A droite et à gauche, au fond, il y a des constructions de briques. Le sol et les toits sont couverts de neige: les
branches dépouillées des arbres sont poudrées à blanc.

Les figures sont de Bosse.

Toile. H. : 92; L. : 118.

ÉCOLE HOLLANDAISE
Dix-septième siècle.

294 La Parabole des Aveugles

Ils marchaient, chacun étant guidé par celui qui le précède et voici
que le premier tombe dans un trou; celui qui le suit est près d'y choir
également, mais on devine le temps d'arrêt, et les yeux privés de
lumière expriment cependant de la terreur. Au fond, de l'autre côté
d'une baie, on aperçoit une construction, puis, au loin, la tour d'une
cathédrale.

Panneau, H. : 59; L. : 44 1/2.

ÉCOLE HOLLANDAISE
Dix-septième siècle.

295 Harengs, oignons, pain, chope et cruche

En bas, un monogramme à demi effacé.

Panneau, H. : 46; L. : 40.

ÉCOLE HOLLANDAISE
Dix-septième siècle.

296 La Diseuse de bonne aventure

Panneau, H. : 23; L. : 22.

ÉCOLE HOLLANDAISE
Dix-septième siècle.

297   Un philosophe

Il est représenté jusqu'à la poitrine en costume noir, la tête légèrement penchée en avant, le regard méditatif. Derrière lui un rideau rouge, en partie soulevé, découvre le rayon d'une bibliothèque.

Toile. H. : 54; L. : 44.

ÉCOLE HOLLANDAISE
Dix-septième siècle.

298   Le Joyeux compagnon

Il est représenté assis sur un panier retourné et il rit béatement en se grattant l'épaule gauche de la main droite. Il est coiffé d'un large feutre noir et vêtu d'une veste marron et d'une culotte violacée. Devant lui, par terre, un réchaud de terre, une pipe, une petite boîte.

Panneau. H. : 23 1/2 ; L. : 18.

ÉCOLE HOLLANDAISE
Dix-septième siècle.

299   Combat d'infanterie et de cavalerie

Panneau, H. : 46; L. : 63.

ÉCOLE HOLLANDAISE
Dix-septième siècle.

300   Escarmouche de cavalerie

Dans une campagne, des mousquetaires et des hommes en armure se rencontrent et luttent; ils sont montés sur des chevaux qu'ils lancent au galop.

Panneau, H. : 41; L. : 71.

ÉCOLE HOLLANDAISE
Dix-septième siècle.

301   La marchande de légumes

Une femme vêtue de blanc, de bleu et de jaune, et accompagnée
d'un négrillon, semble vouloir échanger un melon qu'elle tient dans sa
main gauche, contre un autre, entamé, que lui refuse la vieille marchande. Sur la table, près des deux femmes, des choux et des arti-
chauts. Au premier plan, à gauche, près d'un banc sur lequel on a
posé des carottes, se tient un grand chien jaune. Au fond, on aperçoit
un homme portant une pelle sur l'épaule gauche.

Toile, H. : 53 ; L. : 44.

ÉCOLE HOLLANDAISE
Dix-septième siècle.

302   Madeleine en prière

Cuivre, H. : 18 1/2 ; L. : 14.

ÉCOLE HOLLANDAISE
Dix-septième siècle,

303   Portrait d'un professeur

Daté à gauche, 1668.

Panneau, H. : 73 ; L. : 59 1/2.

ÉCOLE HOLLANDAISE
Dix-septième siècle

304 Coupe d'argent, mûres, grenade ouverte,
mandarine et montre

Dans le coin à gauche, on relève les restes d'une signature : Heda.

Toile, H. : 32 ; L. : 26 1/2.

ÉCOLE HOLLANDAISE
Dix-septième siècle.

505   Portrait d'un professeur

Il est assis presque de face en robe et bonnet noir, appuyant sur une table un livre qu'il tient ouvert des deux mains. Il a la barbe blonde et grisonnante, les yeux très vifs, le masque plein d'accent.

Panneau, H. : 77; L. : 62.

ÉCOLE HOLLANDAISE
Dix-septième siècle.

506   Patinage sur un fleuve en Hollande

Toile, H. : 84; L. : 118 1/2.

ÉCOLE HOLLANDAISE
Dix-septième siècle.

507   Chemin à l'entrée d'un bois, avec paysans, animaux et chaumières

Signé au milieu, en bas : Je Koduen. (?)

Toile, H. : 78; L. : 102 1/2.

ÉCOLE HOLLANDAISE
Dix-septième siècle.

508   Le Puits

Toile, H. : 65; L. : 53 1/2.

ÉCOLE HOLLANDAISE

Dix-septième siècle.

509   En avant de la ferme

La ferme est à gauche et devant elle un terrain s'étend avec quelques herbes usées. On y voit autour d'une charrette dételée, dont les brancards s'appuient sur un tonneau, des bêtes au repos : vaches, -cheval, mouton. Près de la charrette, un bouc est entravé. Un peu plus loin un bonhomme est en train de traire sa vache. A droite, une femme assise, et vue de dos, bavarde avec un compère assis près d'elle. Au fond, une campagne verdoyante et boisée, au milieu de laquelle serpente un ruisseau.

Signé au milieu, sur le fond du tonneau : R, sous une hache.

Toile, H. : 76 1/2 ; L. : 110.

ÉCOLE HOLLANDAISE

Dix-septième siècle.

510   La tour en ruines près de la rivière

On lit vers le milieu, au premier plan, le monogramme W. W. K.

Toile, H. : 65 1/2 ; L. : 86.

ÉCOLE HOLLANDAISE

Dix-septième siècle.

511   Intérieur de cuisine

Panneau, H. : 54 ; L. 68 1/2.

ÉCOLE HOLLANDAISE

Dix-septième siècle.

512 .Le Passeur

Signé en bas, vers la droite, sur le fond d'un tonneau : J. V. C.

Panneau, H. : 58: L. : 82.

ÉCOLE HOLLANDAISE

Dix-septième siècle.

513 Le Village sous la neige

A droite et à gauche de la rivière gelée, toutes les maisons, l'église et le moulin ont leurs toitures ouatées de neige. Sur la rivière qui apparaît bleue, sous sa couche de glace, une foule d'individus et des traîneaux glissent, patinent, jouent, se donnant tous à cette joie hivernale.

Cuivre, H. : 31 1/2; L. : 39.

ÉCOLE HOLLANDAISE

Dix-septième siècle.

514 Canal gelé en avant d'une ville

Toile, H. : 93 1/2: L. : 141.

ÉCOLE HOLLANDAISE

Dix-septième siècle.

515 Judith coupant la tête d'Holopherne

La Femme debout a déjà tranché à demi la tête de l'homme qui se débat, tandis qu'au-dessus d'elle des Amours ailés voltigent dans la nuit. A droite, dans l'ombre, des gardes endormis.

Toile, H. : 76: L. : 101.

ÉCOLE HOLLANDAISE

316 · L'Automne au bord de la rivière

Dix-septième siècle.

Signé à droite, en bas : D. V. D. V....

H. : 23 ; L. : 37.

ÉCOLE HOLLANDAISE

Dix-septième siècle.

317 L'adoration des bergers

Dans la grange les bergers sont en adoration devant l'Enfant Jésus emmailloté dont la Vierge soulève le voile. Au premier plan, un panier d'œufs et deux poules apportés en offrande. Derrière la Vierge, saint Joseph debout, tenant un livre ouvert, le bœuf et l'âne.

Signé en bas, vers le milieu du monogramme : F. H. K.

Panneau, H. : 33 1/2 ; L. : 34.

ÉCOLE HOLLANDAISE

Dix-septième siècle.

318 · L'Été — L'Hiver

Deux petits paysages de forme ronde.

H. : 15 ; L. : 15 1/2.

Deux pendants.

ÉCOLE HOLLANDAISE

Dix-septième siècle.

319 Femmes et gentilshommes dans un intérieur

En haut, au-dessus de la porte, on lit les lettres A. L..., formant monogramme.

Panneau, H. : 26 ; L. : 32.

ÉCOLE HOLLANDAISE
Dix-septième siècle.

520   Archimède

Toile. H. 74; L. : 61.

ÉCOLE HOLLANDAISE
Commencement du dix-huitième siècle.

521   Madeleine tentée

Elle est en prière dans sa grotte et voici qu'autour d'elle les vices à faces monstrueuses donnent l'assaut à sa vertu tentée.

Cuivre, H. : 47; L. : 36 1/2.

ÉCOLE HOLLANDAISE
Commencement du dix-huitième siècle.

522   Chasseurs et bergers se reposant auprès
d'une fontaine

A gauche, sous un sarcophage de marbre rouge, se trouve une inscription latine.

Toile, H. : 59; L. : 72 1/2.

ÉCOLE HOLLANDAISE
Dix-huitième siècle.

523   Thisbé pleurant sur le corps de Pyrame

Panneau, H. : 38 1/2; L. : 50.

ÉCOLE HOLLANDAISE
Dix-huitième siècle.

324   Paons, poules, canards et cygnes
dans un parc

Signé vers la droite, en bas : J. C. Becheotoff pinxit, 1766. (Beckenof)?

Toile. H. : 62 1/2 ; L. 73 1/2.

ÉCOLES ITALIENNES

ALLORI (Alessandro, dit le Bronzino)

(École de).

Florence 1607.

325   L'homme au pourpoint héliotrope

Il est debout, de trois quarts à gauche, la main gauche retenue par le pouce, dans le ceinturon, la main droite, l'index allongé, appuyée sur un meuble. Sa tête, aux cheveux courts et aux traits accentués, se dégage d'un col rabattu souple et large. Sur l'épaule gauche, il a un manteau. Le pourpoint héliotrope est découvert du côté droit et devant.

Portrait présumé d'un prince de la famille de Médicis.

Panneau, H. : 91 ; L. : 63 1/2.

ALLORI (Christofaro d')

Fils d'Alexandre Allori. Né à Florence en 1577, mort en 1621.

326   Sainte Élisabeth de Hongrie

Elle est représentée de trois quarts à gauche et vue en buste.

Toile, H. : 55 1/2 ; L. : 48.

AMICONI (Jacques)

Peintre vénitien, 1675-1752.

327   Pallas Athéné couronnant un poète

Toile, H. : 92 ; L. : 74 1/2.

Esquisse pour un plafond.

BELLUCCI (Antoine)

Né à Soligo en 1654, mort en 1726.

328   Portrait d'homme

H. : 70; L. : 56.

CARAVAGGIO (Michelangelo da)

Rome 1569-1609.

329   Le Poète

Toile, H. : 67; L. : 49 1/2.

CARAVAGGIO (Michelangelo da)

330   Moïse et le peuple Juif

Peinture en grisaille. Toile, H. : 51; L : 105.

Préparation pour un tableau.

DESIDERIO

Élève de B. Corenzio; florissait au dix-septième siècle.

331   Palais et édifices fantastiques

C'est la vue extérieure de plusieurs palais et édifices rappelant la loggia dei Lanzi, de Florence. Au premier et au second plan, de nombreuses figures animent la place.

Toile, H. : 46; L. : 75.

DOMENICHINO (Domenico Zampieri, dit il)
1581-1641.

332 Le Dieu Pan poursuivant la nymphe Syrinx
et embrassant une touffe de roseaux au lieu de la belle

Toile, H. : 52; L. : 85.

FETI (Domenico)
Né à Rome en 1589, mort en 1624. Fut élève de Cigoli.

333 David

Il est debout, de trois quarts à gauche. Il s'appuie sur sa lourde épée. Il a devant lui la tête de·Goliath.

Toile, H. : 113 1/2; L. : 78 1/2.

GAROFALO (Benvenuto-Tiso dit il)
(École de)
1481-1559.

334 La Vierge à la pomme, l'Enfant Jésus
et Saint Jean

Toile, H. : 42 1/2; L. : 32.

GUARDI (Francesco)
Né à Venise en 1712, mort en 1793. Fut élève du Canaletto.

335 La ferme au pied du vieux castel

Panneau, H. : 30 1/2; L. : 44.

GUARDI (Francesco)

336   Le Porche en ruines

Des arcades en ruines derrière lesquelles on aperçoit un petit temple à colonnes. Plusieurs personnages au premier plan, près d'une mare. Ciel bleu lumineux.

Panneau. H.: 30 1/2; L. : 24.

LAURI (Philippo)

Né à Rome en 1610, mort en 1635. Fut l'élève de A. Sacchi.

337   Le Sommeil de Didon

Toile, H. : 44 1/2; L. : 34 1/2.

LOTTO (Lorenzo, École de)

Venise 1480-1556.

338   Saint Jérôme

Toile, H. : 36 1/2; L. : 30.

MAGNASCO (Alexandre, dit Lissandrino)

Né à Gênes en 1681, mort en 1747.

339-339*bis*   Bergers antiques dans la montagne

Deux pendants.

Toiles, H. : 72 1/2; L. : 58.

MORETTO [da BRESCIA (Alessandro
Bonvicino, dit)

Né en 1498 à Brescia, mort après 1554 dans la même ville.

340   La Vierge et l'Enfant Jésus

Peinture à la détrempe, H : 44: L : 33.

Cette vierge se retrouve dans le triptyque de Moretto, peint à l'huile et appartenant à Sir Henry Layard, à Venise.

PAGANI (Gregorio)

Né en Toscane en 1568, mort en 1605.

341   Le Pâtre

Daté et signé à gauche, en bas : Gregorio Pagani.

Toile, H. : 111 ; L. : 91.

PANNINI (Giovanni-Paolo)

Né à Plaisance en 1695, mort en 1768. Fut élève de André Lucatelli et de B. Lioti.

342   Le Vase et la Pyramide

Panneau décoratif.

Toile forme ovale. H. : 63 ; L. : 47 1/2.

PARMIGIANINO (Michele [Rocca, dit il)

1671-1751.

343   Jeune femme et deux Amours cueillant
des feuillages

Panneau, H. : 26 ; L. : 20 1/2.

PIOMBO (Sebastiano del) (École de)

344   Portrait de femme

Sur le bandeau de la coiffure, on lit ces quatre lettres : De To.

Panneau, H. : 62 1/2; L. : 50.

PROCCACINI (Julio Cesaræ)
Peintre lombard (1548-1626).

345   Madeleine en contemplation devant le Crucifié

Toile, H. : 43; L. : 33.

RICCI (Sebastiano)
Cividale-di-Belluno (1662-1734). Élève de Cervelli.

346   Alexandre le Grand

Toile, H. : 42; L. : 54.

TINTORETTO (Jacopo Robusti, dit il)
Venise 1512-1594.}

347   Portrait de Luigi Cornaro (1462-1566)

Il est assis de trois quarts dans un fauteuil, ayant devant lui une table couverte d'un tapis d'Orient. Sur cette table, un collier d'or sur lequel pose la main gauche. Le personnage est vêtu d'un costume noir à col blanc rabattu : son visage d'homme âgé, barbe blanche et front dénudé, se détache sur un fond sombre. A droite, une draperie marron est relevée.

Toile, H. : 108; L. : 89.

Voir le portrait du même personnage par le Tintoret, qui se trouve dans la galerie Pitti, à Florence.

ÉCOLE ITALIENNE
Fin du quinzième siècle.

348   La Circoncision

Panneau, H. : 26; L. : 18.

ÉCOLE ITALIENNE
Seizième siècle.

349   La Crucifixion

Toile, H. : 104 1/2; L. : 104 1/2.

ÉCOLE ITALIENNE
Seizième siècle.

350   Ecce Homo

Panneau, H. : 53; L. : 62.

ÉCOLE ITALIENNE
Seizième siècle.

351 La Vierge, l'Enfant Jésus et trois têtes
de Séraphins

Panneau, H. : 69 1/2; L. : 56.

ÉCOLE ITALIENNE
Fin du seizième siècle.

352   Saint Louis

On remarquera la mitre d'abbé et la crosse qu'il porte, la volute
en dedans, comme chef de l'abbaye de Royaumont et autres lieux par
lui fondés.

Toile, H. : 103; L. : 40.

7

355 Sainte Lucie

Toile, H. : 103; L. : 40.

Deux panneaux provenant d'un polyptyque.

ÉCOLE ITALIENNE
Dix-septième siècle.

354 La Fille de Jaïre

Toile, H. : 75; L. : 93.

Cadre en bois sculpté de forme chantournée.

ÉCOLE ITALIENNE
Dix-septième siècle.

355 Mater Dolorosa

Elle est représentée la tête penchée en avant, les deux mains croisées sur la poitrine et vêtue d'une palla noire doublée de rouge.

Panneau, H. : 30 1/2; L. : 25 1/2.

ÉCOLE ITALIENNE
Dix-septième siècle.

356 Jésus vu jusqu'à la poitrine

Panneau, H. : 46 1/2; L. : 37.

ÉCOLE ITALIENNE
Dix-septième siècle.

357 Saint Christophe

Panneau, H. : 39; L. : 27.

ÉCOLE ITALIENNE
Dix-huitième siècle.

358   Intérieur d'église d'architecture ogivale

Toile. H. : 36 1/2; L. : 55.

ÉCOLE ITALIENNE
Dix-huitième siècle.

359   Figures au pied d'une vieille construction

Toile, H. : 25; L. : 38.

ÉCOLE ROMAINE
Dix-huitième siècle.

360   Épisode de la conquête romaine

Toile, H. : 107; L. : 146.

ÉCOLE VÉNITIENNE
Seizième siècle.

361   Portrait d'un jeune prince

Il est debout, tenant de la main droite un pistolet.

Toile marouflée sur panneau, H. : 103; L. : 64.

ÉCOLE VÉNITIENNE
Fin du seizième siècle.

362   Évêque bénissant

Esquisse pour un plafond.

Toile de forme ovale, H. : 63 L. : 50.

ÉCOLE VÉNITIENNE
Fin du seizième siècle.

363   Le mariage de la Vierge

Toile, H. : 72; L. : 105.

ÉCOLE VÉNITIENNE
Commencement du dix-septième siècle.

364   Portrait d'un philosophe

Il est assis, presque de face, sur un fauteuil garni de velours rouge. Il est en robe d'intérieur noire garnie de vison. Il tient de sa main droite, le bras posé à l'accoudoir du siège, un manuscrit plié, et de la main gauche, qui s'appuie au bord d'une table, l'index allongé, il semble indiquer une pendule sur laquelle, sous un cylindre de verre, on aperçoit un petit squelette debout.

Toile, H. : 111 1/2; L. : 98.

Ce portrait est peut-être celui du théologien Jacobus Harmensen, de Oudewater, dit Arminius, fondateur de la secte protestante des Arminiens, à Leyde (1560-1609). Cette œuvre aurait été peinte par un maître vénitien, de passage en Hollande. (?)

ÉCOLE VÉNITIENNE
Dix-huitième siècle.

365   Fête romaine

Toile, H. : 74 : L. : 99.

AQUARELLES, DESSINS, GOUACHES,

anciens et modernes

BACLER d'ALBE

366. Paysage mouvementé animé de personnages et d'animaux, sous d'épais ombrages, près d'un cours d'eau.

Importante gouache signée en bas et datée 1796.

BACLER d'ALBE

367. Paysage présentant une vallée encaissée dans laquelle des bacchantes se livrent à des danses et à des libations, au pied d'une cascade.

Importante gouache.

BARBIER

368. Jeune femme vêtue de blanc dans un paysage.

Dessin aux trois crayons. — Signé à gauche et daté 1804.

BAUMONT (Ch.-E.)

369. Un salon sous le second Empire.

Dessin à la mine de plomb.

BERNARD (P.) Attribué à

370. Défilé de grotesques, scènes de carnaval.

Dessin au lavis.

BERNARD

371. Portrait de la reine Marie-Antoinette, vue en buste et de profil.

Dessin au trait de plume et à main levée. — Signé en bas et à droite.

Cité dans l'ouvrage de M. le Baron R. de Portalis et Henri Béraldi : *Les graveurs du Dix-huitième siècle.*

BERNARD

372. Portrait de Marie Feodorowna. — Portrait de Paul Pétrowich.

Deux dessins au trait de plume à main levée. Signés et datés 1795.

BOILLY (Attribué à)

373. Jeune garçon.

Dessin à la mine de plomb.

CALAME (A.)

374. Quatre petits paysages.

Dessins à la plume.

CALAME (A.)

375. Petit paysage : Sentier à la lisière d'un bois.

Dessin à la mine de plomb.

CALAME (A.)

376. Trois petits paysages.

Dessins au lavis.

CALAME (A.)

377. Paysage montagneux.

Aquarelle signée à gauche.

CALAME (A.)

378. Paysage avec chaumière, cours d'eau et pont en ruine.

Sépia.

CALAME (A.)

379. Paysage.

Dessin au lavis.

CALAME (A.)

380. Paysages.

Deux dessins à la mine de plomb.

CALAME (A.)

381. Paysage montagneux.

Dessin à la mine de plomb.

CALAME (A.)

382. Chaumières avec paysannes.

Aquarelle.

CALAME (A.)

383. Paysage près de Genève.

Dessin à la mine de plomb. — Signé à droite.

CALAME (A.)

384. Paysage : Étude d'arbres.

Dessin au crayon et au lavis.

CALAME (A.)

385. Paysage avec torrent et perspective de monument.

Signé au bas. — Crayon noir.

CARESME (Ph.)

Bacchanales

386. Deux aquarelles gouachées se faisant pendant.

Signées.

CARESME (genre de)

387. Faune découvrant une nymphe endormie défendue par l'Amour.

Importante gouache.

CARRACHE (Annibal)

388. Combat des Centaures et des Lapithes.

Dessin à la plume et au lavis.

CAZIN (Ch.)

389. Un coin de ferme.

Dessin au crayon noir et au fusain.

CHAPLIN (Ch.) d'après

390. Jeune femme symbolisant la Musique, endormie sur un nuage.

Pièce en couleurs.

CHASSERIAU (Th.)

391. Étude de types orientaux.

Aquarelle gouachée, signée en bas. à droite.

CHODOWIECKI (D.)

392. L'Attentat

Médaillon dessiné à la mine de plomb avec figure de femme en remarque. — Signé et daté 1792.

CICERI (Eug.)

393. Vue d'une ruelle bordée de hautes maisons.

Petite gouache.

DALENS

394. Paysages animés de petits personnages.

Deux dessins au lavis se faisant pendants.

DELACROIX (Eug.)

395. Étude.

Dessin au crayon noir. — Portant le cachet de la vente.

DORÉ (Gustave)

396. Costumes pour l'opérette : « Geneviève de Brabant ».

Onze dessins à la mine de plomb. — Reliure en maroquin vert.

DORÉ (Gustave)

397. Les amis de Polichinelle

Douze dessins à la mine de plomb. Reliure en cuir vert, et doré.

DORÉ (Gustave)

398. Chats endormis.

Trois dessins au crayon noir. — Signés du monogramme.

DUBUFFE fils (G.)

399. Femme nue à demi étendue.

Dessin à la mine de plomb. — Signé et daté avec dédicace.

ÉCOLE ALLEMANDE
Commencement du dix-neuvième siècle.

400. Jeune fillette.

Dessin à la mine de plomb.

ÉCOLE ANGLAISE

401. Le vieux ménage. Scène humoristique.

Dessin aquarellé.

ÉCOLE ANGLAISE

402. La jeune fermière.

Aquarelle.

ÉCOLE ESPAGNOLE

403. Portrait équestre.

Dessin au lavis.

ÉCOLE FRANÇAISE
Dix-huitième siècle.

404. Femme nue, assise, tenant une grappe de raisin.

Dessin aux trois crayons.

ÉCOLE FRANÇAISE
Dix-huitième siècle.

405. Femme nue, assise les jambes croisées, se tenant le pied droit.

Dessin à la sanguine.

ÉCOLE FRANÇAISE
Dix-huitième siècle.

406. Jeune femme vêtue d'une robe à larges paniers représentée debout sur une terrasse et près d'une habitation.

Dessin aquarellé.

ÉCOLE FRANÇAISE
Dix-huitième siècle.

407. Esquisse pour une miniature. — Portrait d'un chasseur représenté tenant une pièce de gibier de la main droite et son fusil dans le bras gauche.

Dessin au crayon noir légèrement rehaussé.

ÉCOLE FRANÇAISE
Commencement du dix-neuvième siècle.

Baigneuses

408. Une jeune femme demi-nue, debout sur un rocher, semble se disposer à se livrer aux plaisirs du bain, auxquels paraissent l'inviter trois Amours.

409. Deux jeunes femmes, au bord d'une source, président aux ébats aquatiques de deux Amours.

Deux aquarelles se faisant pendants.

ÉCOLE FRANÇAISE

410. Deux paysages.

Aquarelles se faisant pendants.

ÉCOLE FRANÇAISE

411. Dunes au bord de la mer; soleil couchant.

Aquarelle.

ÉCOLE FRANÇAISE

412. Jeune femme donnant le sein à un enfant.

Dessin à la sépia.

ÉCOLE ITALIENNE

413. Colonnade et portique d'un palais.

Dessin à la plume et au lavis.

FLAMENG (F.)

414. Officier de dragons du Premier Empire.

· Aquarelle.

FRAGONARD (H.) Attribué à

415. Étude.

Dessin à la sépia.

FORTUNY

416. Deux dessins à la plume et au lavis.

GAVARNI (S.)

Mesdames de la Halle

417. Devant leurs éventaires amplement approvisionnés de légumes variés, les femmes de la Halle attendent les chalands.

Signé en bas à droite.

Dessin au crayon noir, H. : 0,24; L. : 0,32.

GAVARNI (S.)

418. ## La Porteuse aux Halles

Signé à droite.

Dessin au crayon noir, H. : 0,28; L. : 0,21.

GAVARNI (S.)

Les Miséreux

419. Sur un grabat, un homme est étendu, terrassé par l'ivresse : à côté de lui, sa femme et son enfant en proie à la plus profonde détresse.

Daté de Londres : janvier 1848.

Très beau dessin à la mine de plomb, H. : 0,27; L. : 0,21.

GAVARNI (S.)

Charité filiale

420. Sur un pont rustique, une jeune fille soutient les pas chancelants d'un vieillard.

Daté en bas à gauche : Londres, janvier 1848.

Dessin à la mine de plomb, H. : 0,27; L. : 0,30.

GAVARNI (S.)

Un Boueux

421. Il est vu de dos, une pelle attachée aux épaules, et tourné du côté d'un mur contre lequel il a posé son balai.

Signé en bas et à droite.

Dessin aquarellé et relevé de gouache, H. : 0,32 ; L. : 0,21.

GAVARNI (S.)

Nécessité n'a pas de loi

422. Chiffonnière : vue de face, au pied d'un mur, vêtue d'un châle jaunâtre et soulevant légèrement sa robe.

Signé en bas et à gauche.

Dessin aquarellé, relevé de gouache, H. : 0,32 : L. : 0,24.

GAVARNI (S.)

Un Boueux

423. Il est vu de face s'appuyant sur son balai, sa pelle passée en bandoulière.

Signé à gauche et en bas.

Dessin aquarellé rehaussé de gouache. H. : 0,32 ; L. : 0,24.

GAVARNI (S.)

424. Vingt et un dessins à la mine de plomb, rehaussés d'aquarelle pour l'illustration du Juif errant par Eugène Sue.

Avec frontispice orné au bas d'un dessin à la mine de plomb rehaussé de gouache.

GUDIN

425. Quatre dessins : Paysages et marines sous un même cadre.

GUDIN

426. Marine : Naufrage.

> Dessin au lavis rehaussé de gouache. — Signé à gauche.

GUIDO (Reni)

427. Christ en croix.

> Dessin à la sanguine.

GREUZE (J.-B.)

428. Buste de jeune femme éplorée.

> Dessin à la sanguine.

GUYS (Constantin)

429. Deux femmes attablées et conversant.

> Dessin au lavis rehaussé de gouache.

GUYS (Constantin)

430. Jeune femme assise vue de profil, la tête tournée de face.

> Dessin au lavis rehaussé et gouaché.

HENNER (J.)

431.   Le Jeune Martyr

Dessin au crayon noir.

HOLLAR (W.)

432. Têtes de grotesques.

Dessin à la plume et au lavis.

HUET (J.-B.)

433. Un coin de ferme.

Dessin à la sanguine.

INGRES (Attribué à)

434. Esquisse : Portrait d'homme, vu en buste, de profil.

Dessin à la mine de plomb.

KRAUSS (G.-M.)

435. Portrait de Glück en buste.

Important dessin au crayon noir.

LAMI (Eug.)

436. Levrette assise, tenant dans sa gueule une carte au nom du peintre.

Officier du 2ᵉ Hussards, avec dédicace au dos signé du monogramme.

Deux petites aquarelles dans un même cadre.

8

LAMI (Eug.)

437. Étude pour l'attaque d'une diligence.

Dessin au crayon noir rehaussé d'aquarelle.

LEPICIE (genre de)

438. Jeune paysan vu de dos et tendant son chapeau.

Dessin au crayon noir.

LEPICIE

439. Page d'album : Études de têtes, de mains et de pieds.

Dessin au crayon noir.

MENZEL

440. Appel à la conscience.

Aquarelle gouachée. — Signée à gauche.

MEULEN (van der)

441. Étude de cavaliers.

Crayon noir.

NOEL (Jules)

442. Marine : moulins à vent sur le bord de la mer en Bretagne.

Aquarelle. — Signée à gauche et datée 1869.

NUMA

443. Jeunes femmes dans des intérieurs.

Deux dessins au crayon noir rehaussés de couleurs et gouachés.

OUDRY (J.-B.)

444. Natures mortes : légumes et fleurs près de l'entablement d'une colonnade.

Deux dessins au lavis rehaussés de gouache. — Se faisant pendants.

PRADILLA

445. Un mendiant Napolitain.

Dessin à la plume.

PRUD'HON (École de)

446. Le char de Vénus. — Vénus et Apollon.

Deux dessins rehaussés d'aquarelle et de gouache se faisant pendants.

QUINEAU (G.)

447. Dessin pour la gravure représentant des tableaux divers dans des encadrements surmontés d'un fronton à médaillons accoté de figures allégoriques et ornés de motifs décoratifs.

REGNAULT (Henri)

448. Son portrait par lui-même.

Dessin à la mine de plomb daté : juillet 1857, portant la signature autographiée du maître.

SAINT-AUBIN (Attribué à)

449. Portrait d'homme vu à mi-corps, appuyé sur un livre reposant sur une table.

Dessin au crayon noir.

SAINT-AUBIN (Attribué à)

450. Profil de jeune homme.

Profil d'homme âgé.

Deux dessins au crayon noir. — Se faisant pendants.

TEN CATE

451. Scènes de la vie de Hollande. — Souvenirs des Pays-Bas.

Dessin aquarellé. — Signé et daté 1854.

TIEPOLO (D.)

452. Étude pour un Saint Roch.

Dessin au lavis signé en bas.

TIEPOLO (D.)

453. Deux têtes d'homme. — Études.

Deux dessins aux trois crayons.

TIEPOLO (D.)

454. Apothéose d'un saint.

Dessin à la plume et au lavis. — Signé en bas.

TROYON (C.)

455. L'abreuvoir.

Fusain signé du monogramme à gauche.

VERNET (Carle)

456. Mameluck à cheval.

Aquarelle gouachée. — Signée en bas et à gauche.

VERNET (Carle)

457. Le rendez-vous de chasse.

Dessin au lavis.

VERNET (Carle)

458. Cheval de pur sang à la promenade.

Dessin au crayon noir. — Signé à gauche.

VERNET (Horace)

459. Esquisse : Artilleur.

Petit dessin au crayon noir.

VIGÉE-LEBRUN (Mme)

460. Portrait de jeune femme représentée debout, vue à mi-jambes, vêtue d'une robe de mousseline largement échancrée, les bras nus et retenant une écharpe de la main droite; la tête presque de face, coiffée d'un bonnet de lingerie.

Dessin à la pierre noire relevé de quelques touches de crayon blanc.

VIVIEN (J. de)

461. Portrait d'homme, vu en buste et de trois quarts, vêtu d'un habit et d'une haute cravate de satin noir, et portant une plaque d'ordre à droite.

Signé et daté 1843.

WATTELET

462. Paysage : vue de ville en Hollande.

Aquarelle gouachée. — Signée à gauche.

YVON (A.)

463. L'assaut de la tour de Malakoff
par le général Pélissier

Important dessin rehaussé de couleurs. — Signé à gauche et daté 1855.

ZIEM (F.)

Venise

464. Le grand canal et l'église Santa-Maria della Salute.

Mine de plomb. — Daté Venise 1843.

ZIEM (F.)

Nice

465. Marine.

Pendant du précédent. — Signé et daté de Nice 1843?

ZIEM (F.,

466.   Intérieur d'une église

Aquarelle signée et datée de Vienne 18.7.

MINIATURES
& PEINTURES EN MINIATURE
FIXÉS

AUBRY

467. Portrait de jeune femme vêtue d'une robe noire décolletée, une écharpe rouge sur les épaules. Elle est vue de dos, assise à son chevalet et peignant des fleurs. Miniature sur ivoire. Signée sur la boîte de couleurs et datée 1829.

Cadre orné de bronzes.

CHARLIER

468. Vénus entourée d'Amours apparaissant à Adonis : fond de paysage.

Très importante miniature sur ivoire.

CHARLIER (genre de)

469. Portrait de femme représentée à mi-corps, assise, vêtue d'un corsage de linon largement échancré avec nœuds violets et d'une robe jaune à basques ; elle est accoudée à un coussin bleu et donne à manger à un oiseau favori posé sur son bras ; fond de draperie bleue et colonne.

Miniature sur ivoire.

DUPRÉ (L.)

470. Portrait de jeune femme, vue de face, en buste, robe bleue, collerette de linon plissée, cheveux châtains retenus par un peigne d'écaille.

Importante miniature. — Signée L. Dupré et datée de Paris 1830.

ÉCOLE ALLEMANDE
Dix-huitième siècle.

471. Portrait de jeune femme représentée en buste, vêtue d'un corsage blanc largement échancré et drapée dans un manteau bleu.

Petite peinture à l'huile en miniature.

ÉCOLE ANGLAISE
Dix-neuvième siècle.

472. Portrait d'homme vu en buste, de face, le col de la chemise largement ouvert, drapé dans un manteau bleu à col noir.

Miniature ornant le couvercle d'une boîte ronde en poudre d'écaille.

ÉCOLE ESPAGNOLE
Dix-septième siècle.

473. Portrait d'homme vu en buste, vêtu d'un pourpoint en velours noir à haut collet, un collier d'or autour du cou, coiffé d'une barrette plate.

Petite peinture à l'huile en miniature.

ÉCOLE FLAMANDE
Seizième siècle.

474. Portrait de Simon Bennik par lui-même. Il est représenté dans son atelier, en buste, assis à son pupitre d'enlumineur. Par la fenêtre on aperçoit des arbres et la silhouette d'une maison. Daté de 1558.

Miniature sur vélin. Cadre en bois noir à volet. — Datée de 1558.

ECOLE FLAMANDE

Dix-huitième siècle.

475. Galerie de l'Archiduc Léopold. Une grande salle où les murs sont en partie cachés par des tableaux. On y voit d'autres tableaux déposés contre les meubles, ainsi que des moulages, des poteries. un album de dessins. Des amateurs se promènent au milieu de ces belles choses. On remarque que les personnages sont en costume Louis XIII, alors que, contre le mur du fond, on aperçoit un personnage de profil portant la perruque à cadenettes.

Gouache dont le vélin a été monté sur panneau.

ÉCOLE FRANÇAISE

Dix-huitième siècle.

476. Portrait d'homme, vu en buste, la tête de face, vêtu d'un habit violet, les cheveux poudrés.

Miniature sur ivoire.

ÉCOLE FRANÇAISE

Dix-huitième siècle.

477. Une jeune femme nue, coiffée d'un turban à aigrette, allongée sur un lit de repos, se soulève, tandis qu'un nègre lui présente une écharpe.

Miniature sur ivoire.

ÉCOLE FRANÇAISE

478. Tête de jeune femme vue de profil, peinte en grisaille sur fond noir. (Genre de Sauvage.)

Miniature sur ivoire.

ÉCOLE FRANÇAISE
Commencement du dix-neuvième siècle.

479. Portrait de jeune femme vue en buste, la tête de face, cheveux au naturel, robe de mousseline blanche échancrée sur la poitrine. ceinture formée par un cordonnet passé sous les seins.

Miniature sur ivoire. — Signée de Gérin (?) et datée 1802.

ÉCOLE FRANÇAISE
Commencement du dix-neuvième siècle.

480. Portrait de jeune femme assise dans un fauteuil, elle est vue de face, écartant de la main droite un voile de gaze brodé qui lui enveloppe la tête, robe décolletée, largement échancrée sur la poitrine.

Miniature sur ivoire.

ÉCOLE FRANÇAISE
Commencement du dix-neuvième siècle.

481. Portrait présumé de Lœtitia Ramolino.

Très fin dessin à la mine de plomb, signé Gestereich et daté 1810. — Cadre bois noir et cercle en bronze ciselé et doré.

ÉCOLE FRANÇAISE
Commencement du dix-neuvième siècle.

482. Deux fixés rectangulaires se faisant pendants. Paysages.

Fixé rectangulaire. — Paysage avec cours d'eau, château et personnages.

ÉCOLE FRANÇAISE
Dix-neuvième siècle.

483. Portrait de jeune femme vue en buste, robe rouge montante à liseré blanc, col et devant de mousseline ruchée.

Miniature sur ivoire.

ÉCOLE FRANÇAISE
Dix-neuvième siècle.

484. Portrait de femme âgée assise, les bras croisés, coiffée d'un bonnet de lingerie et vêtue d'une robe à rayures.

Cadre en bois. — Miniature sur ivoire.

ÉCOLE FRANÇAISE
Dix-neuvième siècle.

485. Portrait en profil de jeune femme, robe blanche décolletée, cheveux au naturel, vue en buste.

Miniature sur ivoire.

ÉCOLE FRANÇAISE

486. Jeune femme nue, assise, la taille entourée d'une ceinture d'orfèvrerie, coiffant sa blonde chevelure.

Miniature sur ivoire.

ÉCOLE FRANÇAISE

487. Jeune femme assise et accoudée, vêtue d'une robe verte au corsage largement échancré et laissant apercevoir les seins, approche de ses lèvres un oiseau favori.

Miniature sur ivoire.

ÉCOLE HOLLANDAISE
Seizième siècle.

488. Portrait d'homme vu en buste, cheveux et barbe bruns, vêtu de noir, une fraise autour du col.

Petite peinture ronde.

ÉCOLE HOLLANDAISE
Dix-septième siècle.

489. Portrait d'homme vu presque de face en buste, col de lingerie, pourpoint noir, cheveux au naturel.

Petite peinture à l'huile.

ÉCOLE HOLLANDAISE
Dix-septième siècle.

490. Portrait de femme en bonnet, collerette blanche, vue à mi-corps, assise près d'une table.

Petite peinture à l'huile.

ÉCOLE ITALIENNE
Dix-neuvième siècle.

491. Portrait de femme vue en buste, un fichu croisé sur les épaules, collier de corail autour du col.

Miniature.

HEM (David de) Attribué à

492. Nature morte : citrons, grenades et cerises.

Petit panneau peint à l'huile.

HUET (J.-B.)

493. Jeux d'enfants: petite composition à trois personnages militaires.

Miniature ovale sur nacre.

ISABEY (Attribué à)

494. Portrait de femme vue de profil.

Esquisse. Dessin rehaussé d'aquarelle.

ISABEY (École de)

495. Portrait de femme, vue en buste, la tête inclinée sur la gauche, cheveux bruns coiffés en papillotes ornés de deux rangs de perles ; cheveux nattés et retenus par un peigne ; voile de tulle brodé.

Miniature sur ivoire.

LAPERCHE (de)

496. Jeune enfant couché dans son berceau. Portrait présumé du roi de Rome.

Miniature sur ivoire. — Signée et datée 1805.

ROBERT (Hubert)

497. « Au bord du lac. »

Peinture sur toile, fixée sur verre ovale.

VERNET

498. Portrait d'homme, vu en buste, vêtu d'un habit vert à collet bleu, cheveux poudrés.

Miniature ovale sur ivoire. — Signée et datée 1797.

TERRES CUITES, MARBRES

anciens et modernes

---

499. Buste en terre cuite : homme barbu, la tête et les épaules drapées, XVIIe siècle.

Socle en bois peint, décor de marbre vert de mer.

500. Groupe en terre cuite : homme barbu figurant un fleuve, étendu et s'appuyant du bras droit sur un vase symbolisant une source; il tient de la main gauche un gouvernail.

École française dix-septième siècle.

501. Groupe en terre cuite, projet de monument par DARDEL, signé et daté 1790.

Gustave-Adolphe est représenté expirant à Lutzen dans les bras d'une femme ailée symbolisant la Gloire.

Exécution très poussée.
H. : 0,31.

Important groupe en terre cuite :
Bacchus par CLODION

502. Le jeune dieu, couronné de pampres, est couché, étendu sur une peau de lion, appuyé du bras droit qui retient des grappes de raisins, sur un vase à socle cannelé, et élevant du bras gauche une coupe.

Signé sur le vase : Clodion 1795.
H. : 0,40; L. : 0,54.

CLODION

Deux bas-reliefs en marbre blanc.

503. « L'Innocence sacrifiant à l'Amour. »

504. « Jeunes filles donnant la liberté à des Amours. »

Ils portent en bas la signature : CLODION.

505. Statuette en marbre blanc : « Baigneuse ».

Socle en marbre bleu turquin.

506. Main en marbre reproduisant le moulage de la main de George SAND (?)

507. Levrette assise.

Marbre signé des initiales de FREMIET.

508. Masque de l'empereur Napoléon 1ᵉʳ après sa mort.

Marbre d'après le moulage du Dʳ Antomarchi.

509. Buste d'homme.

Plâtre original patiné, socle en bois tourné.

BRONZES FRANÇAIS
& ITALIENS
des XVIᵉ, XVIIᵉ & XVIIIᵉ Siècles

BRONZES D'APRÈS BARYE

BRONZES MODERNES — OBJETS DIVERS

---

510. Buste de jeune homme. Ancien bronze italien. Traces de dorure. Socle en plomb teinté ; contre socle en marbre.

Cire perdue.

511. Buste d'empereur romain drapé et lauré.

Ancien bronze italien fondu à la cire perdue.

512. Groupe en ancien bronze italien : « Hercule luttant contre un lion ».

513. Statuette en ancien bronze italien : « Homme debout casqué élevant le bras gauche ».

9

514. Statuette en ancien bronze italien : « Hercule au repos ».
Inspiré de l'Hercule Farnèse.

515. Statuette en ancien bronze italien : « Guerrier romain s'apprêtant à tirer son glaive ».

516. Statuette en ancien bronze italien : « Bacchus ».

517. Statuette en ancien bronze italien : « Neptune ».

518. Petite statuette en ancien bronze italien : « Cupidon ».

519. Groupe en ancien bronze italien : « Hercule et Déjanire enlacés ayant à leurs pieds le cadavre du Centaure Nessus ».

520. Buste en ancien bronze italien sur piédouche : « Empereur Romain ».

521. « Cheval au galop ». Ancien bronze italien.

Socle marbre blanc à filets de bronze.

522. Statuette d'homme debout relevant son péplum de la main droite. Ancien bronze italien.

Socle en marbre et granit rose.

523. Statuette en bronze ancien. Italie.
« Apollon représenté debout, le bras droit appuyé à la hanche retenant une draperie du bras gauche. »

524. Buste en bronze ancien sur piédouche : « Louis XIV » représenté en cuirasse et drapé.

Cire perdue.

525. Buste en bronze ancien sur piédouche en bronze ciselé et doré : jeune femme, les épaules drapées, la tête tournée à gauche.

Cire perdue. Socle cylindrique monté en bronze doré.

526. Buste en bronze ancien sur piédouche ciselé et doré. — Jeune fille la tête légèrement inclinée sur la droite.

Cire perdue. Socle cylindrique monté en bronze doré.

527. Groupe équestre en ancien bronze doré : « Frédéric le Grand ».

528. Buste en bronze italien, patine verte : « Enfant en extase ».

529. Deux statuettes en bronze : Voltaire et Rousseau représentés debout, s'appuyant sur leurs cannes.

Socles rectangulaires en marbre rouge griotte montés en bronze.

530. Deux petits bustes en bronze : « Racine et Molière ».

Socles cylindriques en porcelaine blanche montés en bronze.

531. Buste en bronze sur piédouche : « Portrait de Racine ».

532. Buste en bronze sur piédouche : « Empereur Pierre II de Russie ».

533. Statuette en bronze : « La Gloire ».
Elle est représentée debout, drapée dans sa robe, tenant une branche de laurier de la main droite, élevant une couronne de la main gauche.

Socle rectangulaire en marbre vert de mer orné de bronzes.

534. Bronze d'après Barye : « Tigre marchant ».

535. Bronze : « Lion ».

536. Groupe en bronze : « Lion au serpent », d'après Barye.

H. : 0,24; L. : 0,35.

537. Ours debout. Bronze d'après Barye.

538. Groupe bronze : « Cheval », d'après P.-J. Mène.

539. Bronze moderne : « Taureau ».

DIVERS

540. Petit médaillon offrant un groupe d'Amours dans des nuages portant une guirlande de fleurs.

Relief modelé à la cire teintée sur plaque d'ardoise.

541. Groupe en bois sculpté : « Homme scalpant un faune cloué à un arbre. Allemagne XVIIᵉ siècle.

542.   Petit plat creux en émail offrant au centre, en camaïeu, Hercule
terrassant un lion. Marli à guirlande de fruits et mascarons.

543.   Petite plaque ovale en émail, offrant une jeune femme vue en
buste, portant un enfant.

Cadre métallique, travail russe.

544.   Objets omis.

IMPRIMERIE GÉNÉRALE LAHURE

9, RUE DE FLEURUS, PARIS